藝術教育救國論（代序）

俗話說，「賣瓜的說瓜甜」，從事那一行的人總以爲那一行對國家社會最爲重要，似乎是一個道理。這一方面說明從業者的態度很認眞，由於認眞才會自重，因爲所有的從業者的嚴肅態度幾乎都落實到對人生、社會的使命感。其次，因爲認眞的從業者過於專注於自己的行業，不免坐井觀天，看不到國家、社會的全面。由於專注過深，有時不免以爲少了自己是國家的損失。在外人看來，不無自我膨脹的感覺。

我在文首說這段話，因爲我相信讀者看了本文的題目，不免會有同樣的感覺。教育救國論已經顯得有些誇張了，藝術教育在整個教育體系中所佔比重極小，甚至藝術教師們都自以爲是教育體系中配角的配角，藝術教育怎麼與救國扯上關係呢？這不是自我膨脹是什麼？

我寫本文，絕對不是故作驚人之語，而是經過近二十年的深思熟慮，深信藝術教育的重要性才落筆的。若沒有國家所面臨的經濟危機，我還是會放在心裡的。

西方產品的內在品質：美感

首先我要指出，我不是教育家，也不是藝術家，更不是藝術教育家。只是我的專業使我對文化與社會的課題發生濃厚的興趣。而直接產生心靈衝擊的就是藝術教育的成效。我自離開東海大學建築系主任的崗位，就對國民美育的重要性有日漸深重的感覺。但是並沒有適當的表達機會。我的體會主要是感覺到國民普遍的美感水準過低，已經影響到國家的發展。可是關涉到國家發展的大題目，那有我置喙的餘地？

記得我第一次公開表達我的想法，是在中興大學理工學院院長任內。羅雲平校長招待工業界的領袖，要我作陪，記不得爲什麼需要我說幾句話。我抓住機會表示，希望工業界的發展可以建立在創造與美感上。我國的製造業要能具競爭力，脫離代工的卑微地位，非把基礎建立在全民美育上不可。我當時尚不到五十歲，滿頭亂髮，所以說這些話得不到任何回響是很自然的。後來教育部要我籌備國立自然科學博物館，我也曾向當時的次長施啓揚表示，我的興趣在藝術教育。也沒有得到正面的回答。經過若干年的博物館的籌備工作，執掌教育部的朋友們似乎都知道我對藝術教育的興趣。但他們誤以爲我所說的藝術教育是指專業藝術教育，那就是我奉命籌備台南藝術學院的原因。因此我實在是一個嚮往於全民藝教工作而不得其門而入的人。藝術教育既不是我的專業，又一直擺在我的心裡。直到退休之後才花比較多的時間做具體的思考。

做爲一個建築師，中年時遍遊歐洲先進國家，感受到他們在環境與日常器物上的美感是普遍的，其水準爲我們所遙不可及。爲什麼？是一直縈繞在我腦中的問題。我們曾經是一個古老的文明國家，有高度的精神文明，何以到今天淪落至此？這是我對文化感到興趣的原因。

首先那是因爲上百年的現代化運動把古老的價值推翻了。累積了千年以上的生活文化完全成了骨董，已經爲我們的現代生活所拋棄。我們要從頭開始，學習西方文明，古老的生活文化只能參考而已。開始時只有拚經濟，要想辦法戰勝貧窮與飢餓，逐漸與西方的生產方式接軌。

自設計專業者的觀點，發現西方的產品有一種內在的品質是我們所做不到的，那就是美感。他們的美感從那裡來的？是自西方文明傳承下來的嗎？我開始是這樣相信的。西方自文藝復興以降，五百多年的不斷續傳統似乎應該是西方民族氣質的根基。我當時認爲，歐洲在十八世紀發生的工業革命很圓滿的接續了他們的人文傳統，融爲今天我們所看到的西方文明。

藉藝術教育使國民擁有審美能力

那時候，我主張推動大眾藝術教育，也就是美育，是想以教育的手段接上西方文明的精神生活品質。可是要怎麼做，並沒有明確的看法。所以我很希望教育部交付我一個任務，研究美育推行的有效途徑。我的想法未被接納，只好去籌劃自然科學博物館，就利用這個機會去推動藝術與科學的結合。我要求科博館除了普及大眾科學外，要成爲一個美的殿堂，使來館的群眾感染到美的氣息，進而提高他們審美的動機。過了幾年，我發現這個「潛移默化」的辦法需要漫長的時日，解決不了急切的問題。

這時候，我國經濟快速成長，已經到了發展的瓶頸。朝野上下因國家富裕而極度重視，我卻覺得如果我們的精神生活品質與財富不成比例，前途是堪虞的。台灣不能只是一個代工的次工業國家。怎麼尋求突破呢？

我再到西方經驗中去找。我隱約的知道，西方列強在十八、九世紀有教育救國的觀念。我查資料，才知道他們在藝術教育，也就是他們稱爲公學校的「圖畫」課上，曾下過很大的功夫。西方國家人民有今天的素質，除了有深厚的傳統之外，是經過教育的努力得來的。

工業革命本來是在英國產生的，照說歐洲的現代化應該以英國爲領袖才是。可是當時的情形並非如此。在市場上法國很明顯的領先。今天我們所熟悉的世界博覽會，是從十九世紀開始的，其目的就是使工業國家把產品集中在一起，互相比較、切磋，以求進步。一八五一年在倫敦舉辦了博覽會，海德公園的水晶宮就是當時的會場。這個博覽會使英國人大感困窘，因爲英國的工業產品被視爲低俗、粗鄙，無法與法國或德國的產品相比。

會後引起英國政府與學術界的反省。這就是著名的，由摩里斯（William Morris）發起的藝術與技藝運動（Arts & Crafts Movement）。在教育上，加強公立學校的圖畫課教學，使國民普遍擁有審美的能力，與從事工業生產的準備，成爲一種國策。學術界的羅斯金（John Ruskin）批評工業產品的粗陋，懷念中世紀手工藝的美質，對於工業產品的提升有促進的作用。自此我才明白，西方現代工業產品的水準不是由西方傳統自然傳承而來，他們同樣面對產業轉型的問題。爲了克服轉型期的困難，他們求助於藝術教育。這是因爲中世紀到文藝復興，在風格上雖有所改變，但都是熟練的工人的手工藝，供奉貴族階級之用。而工業化之後，則爲機器大量生產供大眾之用。在一九二〇年代，德國的包浩斯（Bauhaus）正式把手工藝的品質統合到機器工業之前，歐洲在大眾教育上已經努力了近一個世紀了。

圖畫教育有意想不到的妙用

美國在十九世紀末葉也已經工業化，但其產品完全沒有競爭力，無法進入歐洲市場。而英國經過近半世紀的努力，情況已大有改善。一八六七年巴黎的世界博覽會上，美國人如大夢初醒，新英格蘭的紡織品擋不住歐洲產品進入美國市場。他們開始向英國學習，才發現英國人的祕密武器就是在公立學校中提供圖畫教育。先設立藝術師範學校，培養專職藝術教師。一八七〇年，麻省通過了圖畫法案，超過五萬人口的市鎮，對成年男女及兒童實施強制性的圖畫教育。開始了美國往後幾十年的與歐洲競爭的藝術教育發展史。

當科技發達時感性的需求也大幅提高

「圖畫」這樣在今天看來很幼稚的藝術，怎能擔得起那樣的重任呢？它確實曾經使德國產品領先歐洲各國，是各國在產品品質競爭上的國力基礎。「圖畫」就是drawing，這個英文字有兩個意思，一是徒手畫freehand drawing，就是用鉛筆寫生，畫自然界美麗的東西。因爲要逼眞，要美，所以可以訓練觀察力，同時提高審美的能力。在徒手畫中，西方美學重要的比例觀念就學到了。二是用器畫，就是使用尺子與圓規畫的圖案。這種圖畫有些近似工程圖，在這種課程裡，可以學到認識工程圖樣，學習圖案中的秩序、規律，變化中有統一的美感，近似今天的平面設計。

在今天，我們已不承認這些是藝術教育的內容，我們想到的是貴族式的文化生活素養。在當時，他們把教育分爲紳士的教育與國民的教育，我們所談到的內容是他們國民教育中的藝術教育，在他們看來，這就是以救國爲目的的藝術教育。在我大體上了解了歐洲與美國十九世紀藝術發展的情形後，才明白爲什麼西方國家有普遍的審美素養，有較高的產品設計能力。他們花了至少一個世紀，通過國民教育來完成這一轉型的過程，實在値得我們參考。

美國的藝術教育到二十世紀二〇年代後開始進入另一個時代，也就是自由發展的時期。而在同時期的德國則有包浩斯的成立，結合了藝術與設計的教學，把工業產品的藝術化推上高潮，造就了德語國家幾十年工業藝術界領先的地位。到了二十世紀中葉以後，美國在這方面大幅落後於歐洲，只能在大眾化的文化產業上具有領導地位。美國雖然在八〇年代後現代藝術與設計風格出現後，才以新的面貌領先歐洲，但整體說來，在生活相關的藝術上，仍然落後歐洲甚多。品味高雅的人士仍以使用歐貨為多。

我國現代化以來因為沒有經過這一段轉型的過程，在創造與美感兩方面都屬於第三等國家，遠不如美國。因此經濟的發展建立在廉價勞工的代工工業上。什麼時候我們才能成為具有創造力的，有自己風格，受世界先進國家尊敬的新興工業國家？

在過去有科學救國論，今天則盛倡知識經濟，都是從科學發展來強化國力的觀點。在今天的科技時代裡，這是無可爭議的。然而只講科學是不夠的。當科技發達的時候，感性的需求也大幅提高，因此談到所謂文化創意產業，實在是一種感性經濟。自此角度來說，這是一種藝術救國論，實不為過。

藝術教育與科學教育同樣重要

爲了推動文化創意產業，頭痛醫頭、腳痛醫腳的個別振興方案是成不了大事的。我們不但需要一些創意的產業計畫，更需要一個全國性的藝術教育計畫，把全國國民的視覺品質提高到先進國家的標準。換言之，我們需要成爲一個具有藝術素養的國家。人人都有創造與審美的能力，也有欣賞的眼光。

有人說，我們的國家太小，市場狹窄，不足以發展有創造性的產業。自歐洲的例子來看，這是不正確的。台灣的面積狹小是不錯的，但以人口來說，則超過歐洲很多國家，是北歐國家瑞典的三倍。爲什麼瑞典可以支持創意性產業而台灣不能？如果台灣的二千三百萬人都有高水準產品的需求，其實市場是很大的。以此爲基礎向世界推展，一定可以如瑞典的工業一樣走上國際市場。

問題是我們的國民只有極少的一部分具有審美的水準，這少部分的人都是外國產品的顧客。使大部分的國民具有一定的藝術素養需要普及的教育，而且要自師資的作育開始，很多人認爲國家等不及。可是如果認識了藝術教育與國家發展的關係，與科學教育有同樣的重要性，甚至有過之而無不及，政府一定會想出有效率的辦法，在最短的期間內實現國民藝術教育普及的政策。如果認爲需要的時間太長，應該了解過去我們已浪費太多時間了。今天不做，明天會後悔，一旦下定決心，再遲也不過十年八年，快則三年五年即可見效。然而遲疑不肯下手，很可能會被大陸超前，到時候，再懊悔也來不及了。問題是，我們的政府認識藝教對國家的重要性嗎？

目次

輯一

爲什麼要談美

我為什麼要談美？

近若干年來，我有機會公開演講，總會談今生的最大遺憾是沒有從事大眾美育工作。記得很多年前，教育部要我籌劃國立自然科學博物館的時候，我對當時轉述部長意思的施次長說，我想替教育部做一點事，但不是籌劃一座博物館，而是研究進行全民美育。在他聽來，這是一句不著邊際的話，所以沒有回答我。當然了，哪有主人請客吃西餐，客人堅持吃中餐的，何況教育部的工作有全盤計畫，哪能聽我一句話就有所改變。但是我說的是心裡的一句話。

說起來也很難令人相信，我是學建築出身，並沒有認眞學過美學，即使對美術史與現代美術滋生興趣，與美學尚有相當的距離，但是自我回國擔任東海建築系主任開始，就深切的感到國民美育是國家的人事。由於國民教育中，德、智、體、群、美的五大目標，「美」字一直沒有有效執行，使得我國的國民普遍有美盲的問題，一直是我感到很痛心的事。

後來我接了國立自然科學博物館工作，一幹就是十幾年，我盡其可能在建築上、展示上，甚至一些與觀眾相關的細微末節上考慮美感，因爲我覺得科博館既然是大眾教育的場所，除了發揮科教的功能外，也要擔負美感教育的任務，使觀眾感受到美的存在，是大眾教育機構的責任。由於這個信念，我對形貌的要求就苛一些，有些同仁不了解，認爲我只注重美。其實我只是在崗位上盡一點責任，聊補心靈遺憾的萬一而已！

美感是文明的基石

爲什麼我對美育看得這麼重要呢？

首先，我感受到美的力量，認爲它可以改變一個人的氣質。我深刻的認爲一個文明的國家，是建立在擁有美感的國民身上。許多人把美當作表面的素質，認爲美感是膚淺，其實美感是文明的基石。

民國五十六年，我自美返國，經過西歐一些重要文明國家，深切的體會到歐洲人對美的敏感。那時候歐洲人離戰後不遠，尚相當貧窮，我到了巴黎，住到左岸的一個小旅館裡，有一天晚上，在塞納河邊，聖母院的對面，找到一個適當的位置，欣賞落日餘暉中的美景，看得有些出神，一位操美語的遊客靠在我的附近，忽然對我說，是美的崇高力量使他們創造了這樣的文明吧！我回頭尋找這個聲音，這位先生向我眨眨眼，大約以為我聽不懂，就慢步踱過去了。

我深深的回味這句話，人類創造燦爛文明的動力究竟何在？也許有說不清的動機，但是滿足了最基本的欲求之後，而仍要上攀高峰，必然有一種崇高的力量在推動著，那是心靈的呼喚。

十二世紀的歐洲是貧苦的，大家都吃粗劣的食物，住在低矮的棚子裡，但是他們會建造如此精美的教堂。不但建造了高大的廳堂，高插雲霄的尖塔，每一塊石頭都琢磨得光滑美觀。誠然，把生命的價值放上去，這是宗教的信仰帶來的力量，但是上帝沒有要他們建造得如此精美，我深信在他們的內心裡，有一種美的標準高懸著，不達到誓不甘休。他們把美的精神與宗教信仰融為一體了。

天主堂的精神一直帶領著歐洲人走過了七、八個世紀，在以後的每一個時代，生命都有所改進，風格都有所新創，甚至宗教信仰也不同往昔了，但是那尚美的心靈似乎一直存在，引領他們一步步跨進二十一世紀。

文藝復興以尚美的精神領軍

近代的歐洲把這種尚美的心靈稱為品味。

在今天，由於社會主義思想的影響，早就把

巴黎聖母院一景，流露中世紀尚美的心靈。

品味視爲中產階級的註冊商標，認爲與財富相關，這雖不無道理，但是自文藝復興之後，歐洲知識分子幾乎無不以品味爲心靈的支柱。文藝復興是一個文化階段的名稱，是西洋人心靈解放的大時代，所涉及的變革十分龐大，然而這個改革是以尚美的精神領軍的。

文藝復興的藝術大師，由於追求美，發現了眞，而成爲科學的基礎。追求人體之美，發現了人體的科學；追求自然之美，開啓了自然科學，美實在是啓蒙時代理性的內在動力。到了做機器的時代，歐洲的匠師又把前人造天主堂

佛羅倫斯：文藝復興的故鄉。

的精神施展出來了。他們做一只錶，要與大自然的運動相配合，要求準確，而機器的外表又要精美珍貴。美好的機械動作是匠師們努力的目標，在他們心裡有一種美感指引著。

美感是人類尊嚴之所繫。

我曾去過一些落後的國家，比如印度。我的感覺是他們完全丟掉了美感，在窮苦的加爾各達，在偏遠的鄉間，現代印度人似乎只是在追求最基本的生存，不知作爲人類的尊嚴爲何物。沒有文藝復興，古代燦爛的文明與今天的印度人已完全無關，只是招攬觀光客的工具而已，即使較近期的塔伊瑪哈，對於今天的印度人也只是水中之倒影而已。

美是想像力的源泉，是人類尊嚴之所繫，是內在生命的動力，可惜今天的中國人也把它丟棄了，我不想討論中國人何以沒有發展出科學，只想說，過去的文明也是立基在美感之上的。

美感也可成為一種文化力量

傳統中國的知識分子都是愛美的人，甚至以美爲生命的。他們都是書法家與詩人，不具備這兩個條件，也就沒有進入政府爲民服務的資格。在他們的生活中，作爲一個文人所需要的器物，無不具備美質。在今天看來，令人惋惜的是，傳統的中國不乏美感，卻沒有把美感轉變爲一種文化的力量，只把它視爲生活的點綴。

要怎樣去認識美的文化力量呢？只要看工業生產就可以了。台灣傲人的經濟發展，創造了富裕的生活，可是我們都知道，我們所賺的錢是一點辛苦錢。我們的工業基本上是爲西方人的工業服務，牛肉被他們吃了，我們不過喝口湯而已。爲什麼？因爲我們沒有認識美的修養，創造美的能力。我們沒有吃智慧果，所以還沒有見過美的大千世界。

我每次拿起一條領帶就不禁感嘆，西洋人做一條領帶幾乎可以賣到中國人一套衣服的價錢，爲什麼？在物質豐盛的今天，東西已不值錢了，值錢的是其內在的價值。什麼價值？就是美的價值。美是今天的文明向上攀升的目標，可是一個民族不知美爲何物，要如何攀升呢？

在台灣的我們，對於自己的未來，沒有精神的目標，就大量的走向宗教尋求寄託。西洋人由於在宗教環境中充斥了美感，因此結合了美感與神的力量，他們才能經由宗教信仰自美感中找回了自己。他們的美術與音樂莫不是自教堂中發展出來的，可是在台灣，宗教環境中沒有美，只有寄託，最受大眾尊敬的宗教特質也不過是慈善，消極的消除人間的痛苦。我們無法在宗教中得到積極的正面的力量，只把自己的命運交給未可知的超自然的力量。

在過去，台灣只有民俗宗教，是爲芸芸眾生存在的，其中只有迷信，是不足論的。近年來，中產階級擴大，可以爲知識分子接受的佛教開始盛行，這是一種精神的提升，所以在我內心深處，很希望佛教的發展能像日本一樣，成爲高尚美感的源頭。我始終認爲日本人所以成爲西方世界之外唯一晉昇爲先進國家的民族，與他們宗教中的尙美精神是大有關聯的，可惜的是，我們的宗教領袖們極少有人有美的認識，即使有心也是無力的。他們自己缺少體會，所盡心爲信徒們安排的力量是微乎其微的。

宗教中找不到美，至少在學校裡可以找到吧！

傳統的西方教育，在大學校園與內外環境上，非常注重美感，那是因爲他們的大學是來自修道院。他們並不傳授美感，因爲美感是他們文化中不可分割的一部分，尙美的精神使人靜觀，靜觀使人思想，思想產生文明。這是進入牛津、劍橋的校園使人不期而生的感懷，可是台灣有沒有這樣的學校呢？問題更嚴重的是，有沒有可以理解美的意義的教育家呢？

美是一種思想習慣

我們大部分的校長與宗教領袖一樣是美感的陌生人，他們知道美是重要的價值。由於不認識美，也是愛莫能助。而且他們所知的美，只是美觀而已。他們認爲校園之美是一種外在的品質，很好，但不必要。他們大多無法體會美是一種思想習慣。

至於由學院訓練出來的老師們，除了藝術專業教師，對於美也是一竅不通的。最可怕是國民學校的教師。在國民學校的階段，教師所需要的學問是有限的，一切學習都應該自美的體會開始，可是我們的師範教育顯然沒有體會到這一點。他們以爲美育就是要孩子們學著塗鴉與跳舞唱歌。不但一般的教師沒有受過美育訓練，即使藝術專業教師也不十分知道美育是怎麼回事？

我們想改變師範教育的美育觀念有無可能呢？今天看來並無可能。作育國民教師的師範學院都要改變爲大學，他們要學中學教師，學科分流了。我不懂教育，卻知道國民教育應該是全人教育，老師們應該「全能」，未來的教師一旦分流，他們與美的距離就更遠了。

我曾經想到有一天，有一群美感的崇信者會通過學校教育及社會教育，逐漸改變國民的素質，可是眼看這一天遙不可及了。因爲極少有人像我一樣相信美有一種力量，即使有少數人相信，他們大多認爲美的認識是一種天賦，教育是徒勞無功的，而我們期望的年輕一代則受到思想上的困擾，不再相信美感了。

美學作爲哲學的一部分，想法太多了，說法太多了，跟著藝術理論的多角化，美所占的份量越來越小，藝術的鑑賞能力向來被視同爲品味，到今天則因藝術思想領域的擴大，已包括了人文科學的全面，即使涉及美，似乎也不太重要了。品味成爲落伍的觀念，美感成爲階級的偏見。今天涉及美育的年輕教授，沒有人再提倡美感的普及化了。

只有我，也許還有少數我不相識的朋友，還堅持著美的信念，我雖不至於相信美育可以代替宗教，但我是個老頑固，相信前面我所說的，美有一種文化的力量。我相信這一些，是因爲我經歷了很多，觀察了很多，比較了很多，我深切的感覺到，因此我知道美的力量的存在，並不是虛幻的。

藝術與美之間

我要與讀者朋友們討論的第一個觀念，就是分辨藝術與美的關係，我認爲在美育的推廣上，最大的障礙不是別的，正是一般人認爲美的化身的藝術。由於把美與藝術混爲一談，美育受藝術的拖累，才一直找不到正確的途逕。我相信很多朋友聽了前面的話會感到不解。在一般的觀念中，談美不談藝術怎麼談呢？爲什麼談美不能談藝術呢？

藝術與美不盡相同

這樣的疑惑是可以理解的。不但一般人，即使是美學的專家，

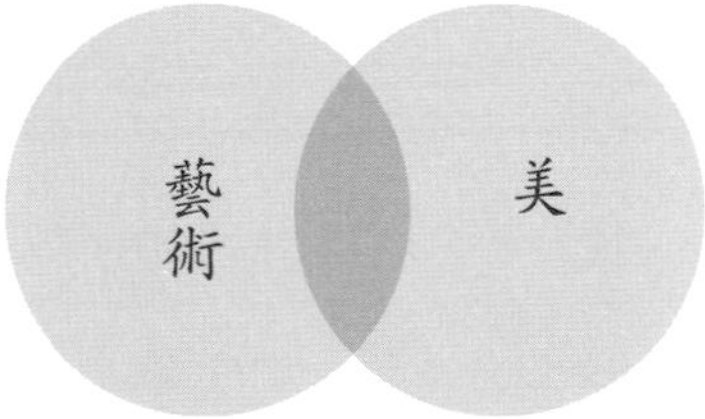

如大家都很敬仰的朱光潛先生，談起美來也離不開文學與藝術。熱心傳播美學的先生們，大多抱著一種心情，把文學與藝術視爲創造美的人生所必要的工具。所以要談美，只要談文學與藝術就好了。他們忽視了一個事實，即文學與藝術的價值不限於美，而美的存在又不限於文學與藝術。用一個簡單的圖解來說明，兩者等於相交的圓圈。固然有相疊的地方，但更有不相疊的地方。其實相疊處遠不如不相疊處爲多。如果我們討論藝術，選擇了那些不相疊之處當題材，那怎能與美扯上關係呢？這正是今天在美育的問題上所遇到的困境。

其實藝術與美之間的困惑，並不需要理論的辯論，而都在大家的直接經驗之中。現在台灣的大美術館流行展出現代藝術，故宮博物院曾成功的展出畢卡索，

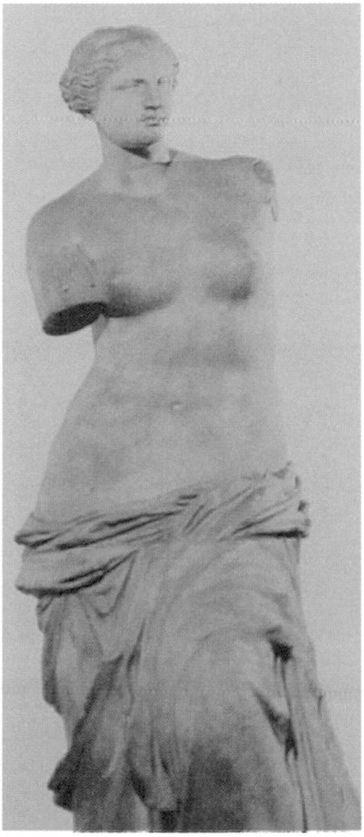

米羅造像維納斯：愛與美之神。

近來又展出了達利，觀眾甚多，請問有多少人感受到這些名作之美？憑心而論，經由文字的說明可以了解一些這類畫作的內容甚至動機，眞正感覺到美的人恐怕是少之又少的。

感受不到達利作品中的美並不是什麼可恥的事。因爲他根本不把美當回事。其實今天的藝術家那有幾位是打算用美的創造讓觀眾感到愉快的呢？今天的藝術家，態度越嚴肅，越與觀眾過不去，他們的想像力恨不能把觀眾嚇死、氣死，甚至當場嘔吐。達利還算是個很溫和的藝術家了。有時候，藝評家會把這種視覺的虐待稱爲美，那就是美的定義問題了。

藝術不是只為美服務

爲什麼大家習慣以爲藝術與美不能分離呢？因爲有一陣子，藝術是爲美服務的，所以被稱爲美術。不久前，故宮博物院曾展出奇美博物館所收藏的一些西洋畫，又曾舉辦過羅浮宮西洋畫收藏的展覽，雖然這些畫很少是名師的作品，觀眾卻也不少，反應很熱烈，大家都覺得很美。這些畫大部分產生在十九世紀，有些十八世紀的作品，其特色是畫了很美的女孩子，俊秀的男孩子，很浪漫的氣質，美麗的景色。那個時代的歐洲，繪畫與雕塑的技術已很成熟，而社會上一些有錢、有閒的人很喜歡看美麗的畫面，或把自己與家族繪成美不可言的模樣。所以藝術就專爲美服務了。這就是這批作品看上去很悅目的原因。

然而爲美服務的藝術是西方藝術古典傳統的末流。認眞的藝術家對於十九世紀歐洲的「美」術是不當藝術看的。正因爲美，藝術界反而看不起它們。這種情形在中國的藝術中也是存在的。中國的書畫如果因筆墨技術純熟而呈現美感，就會被評爲甜俗，而被認爲藝術的成就不高。可見藝術與美的價值未盡重合。

清　德化白瓷觀音（鄧成清／攝）

唐　大理石坐佛（鄧成清／攝）

美因時空遞嬗而起落

可是我們不能不承認，西洋的藝術，在紀元前五世紀的希臘古典時代，美是藝術的主要內涵。那時候的雕刻與建築，以表達神權為主要目的，其精神就是美。今天看到的，米羅的維納斯，被認為美的典範，原是女神的造像。然而在當時，藝術並不為美服務，而是美為藝術服務。不一定是愛與美之神才需要美，每一尊神的造像，都以完美的精神貫注其間。

這一點只要看我國六朝以來的佛像就好了。最成功的造像都有一種美感，所以佛與菩薩的造像，其超然的神權也是以美的精神來完成的。

西方古典時代，這種以美為精神內涵的藝術，因古典文明之消失而沈寂，到了文藝復興時代，西洋人重新發現了美的人文價值，就把它轉接到基督教藝術上。因此使基督教早期的悲苦之情，轉變為令人開懷的美感。即使是在激情的反宗教改革的巴洛克時代，宗教藝術又恢復了悲哀與悽苦，也沒有放棄美感的精神。

後來中產階級漸漸抬頭，市民文化興起，美的需求才自宗教藝術轉到俗世藝術上。俗世化的結果，美的高貴性喪失了，為美而美的藝術產生了，才逐漸出現為美服務的藝術。就是因為這個緣故，美才被視為膚淺的價值，被藝術家丟棄了。

藝術與美的分與合

其實藝術這個名詞，無論在那一個文明中，當其始，都與美扯不上關係。它的原義是精巧的技藝。西洋古典時代是如此，中世紀是如此，中國文明何嘗不是如此。中國古代的六藝：禮、樂、射、御、書、數，幾乎把一切需要技巧完成的工作都包括進去了，只是沒有包括下層勞動階級做的事。這一點，古希臘人比我們要仁慈些。他們對技藝的解釋，則偏重手工的作業。諸如繪畫、雕刻、建築之類，都是要辛苦的工作，同時又要熟練的技巧的東西，才稱得上藝術。與中國人一樣的是他們對於詩這種文雅的、不需手工的東西，是看得比藝術更為高尚的一種精神活動。

所以藝術與美匯爲一體是一種巧合，並不是必然的。不具備美感的藝術有其他的精神價值。

如果回到藝術的本義，以熟練的技巧爲主體，卻也不表示藝術必然與美無關。美是人類的天性，當技藝達到某一水準以後，美的品質就會自然的流露出來。因此在以技藝爲核心的藝術界說中，美反而是必然的結果。所以在十九世紀的英國，爲了反抗甜俗的末流藝術，摩里斯推動了工藝的復興，即有名的Art and Craft Movement，把藝術的精神重新歸於技藝。而這個運動所肯定的技藝，追求的卻是由技藝而產生的美感。

這也是爲什麼在習慣上，西洋人把美歸屬於視覺藝術的原因。他們把精緻的藝術稱爲美術（Fine Art），而美術並不包含聲音與舞蹈等，只是指用手工技巧製作出來的繪畫、雕刻與建築。可是他們又看不起手工份量太重的藝術，比如鑲嵌、編織、刻飾等等，而稱之爲裝飾藝術或次要藝術。而次要的藝術卻都是以美爲追求目的的應用藝術。

現代藝術與美分離

藝術與美徹底分家，是藝術把技藝的成分完全抽掉之後的事。那就是二十世紀初現代藝術興起之後的現象。藝術家，尤其是畫家，要革掉人類數千年的重現自然的傳統，不再需要「畫得像」的技藝，反過來向心裡去尋找形象。這時候受什麼感動就表現什麼，就出現藝術的技巧與藝術的精神分離的現象。因此也演生出與美分離的現象。爲了說明白，我用圖解來表示藝術的內涵在二十世紀初發展的關係。

表的最上面代表古典傳統的藝術，是精神、技巧與美感完全結合在一體的。古典藝

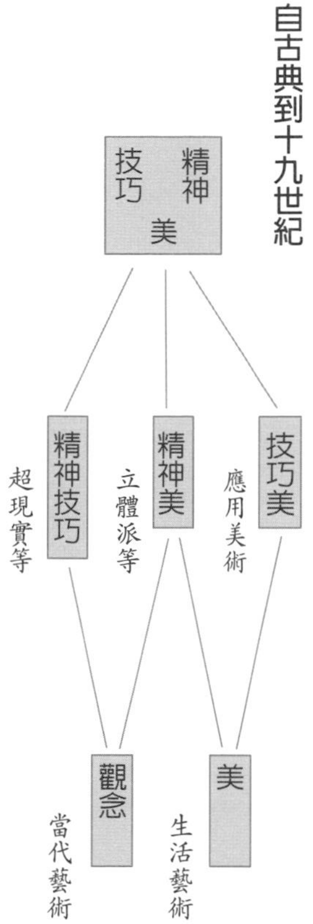

術家必須有完整的技藝訓練，品格的修養與審美的能力。這樣的結合一直到後期印象派的梵谷、高更都沒有改變。到了現代藝術發軔時，情勢改變了。野獸派與立體派等開始排除了技巧，保留了精神。可是他們還盡量保持美感。二十世紀初期的藝術家流派的最大貢獻就是把美感精神化，與技巧脫離。比如馬諦斯的作品就是完全沒有技巧，卻有動人的美感。

這時候，藝術與工藝分開了。技巧很好，也很美的作品，都被視爲工藝品。十九世紀流行的寫實畫一直有市場，但已被藝術界視爲次要藝術了，與家具、擺設等同樣看待。相反的，技巧與美感高超的工藝品，卻因勞動階級被重視，而被視爲藝術品。

也有一些藝術家，如前文提到的達利，是注重精神與技巧，卻不注重美的代表人物。這些反派藝術家專門取笑人間美麗的外表，而努力發掘人性的黑暗面，社會的醜惡面。他的目的就是讓你感到生命的荒謬與恐怖。他們痛恨自然的美感，當然就把美扔掉了。或者說，把美感的解釋改變了。

到了二次世界大戰以後的世紀中葉，情勢又有所改變。藝術更加精神化了。有逐漸把技巧與美感完全拋棄的趨勢。即使仍然有技巧，也不再是產生美感的手工技藝了。藝術家可以依賴科技的力量，不再需要素描等技巧的訓練。有些極端前衛的藝術，幾乎完全沒有形式，只是一個觀念，當然無法附著任何美感了。

因此美至此就自精神中游離出來了，幾乎完全與藝術絕緣。

美成為一種生活的品味

由於藝術丟掉了美，以技巧爲核心的工藝，或稱爲應用藝術，也產生了變化。有一些工藝家希望回到藝術的領域，因此要降低技巧的成分，增加精神的內涵。所以有走向結合精神與技巧的趨勢。另一些人則嚴守工藝的界線，以創造美的實用品爲務。這就是延續了包浩斯傳統的設計界的精神。在今天，他們成爲護衛美的禁衛軍、美感的代言人。

美游離出來以後，有設計家的支持，形成一種生活的品味。品味在過去是貴族的專利，表現在富貴的氛圍與唯美的環境中，今天則是一種精神力量，與知識一樣，可以使人超凡脫俗。

分辨兩者以推行美育

把藝術與美感拆開，其實是一種解放，讓藝術可以海闊天空、毫無滯礙的發展，不再為美所累；使美感可以自由的提高生活領域的精神品質，不再受藝術之累。大家一旦明白了藝術與美原本是兩回事，就不會為了尋求美感，誤闖到藝術之中，結果失望而歸。同樣的，有志於尋求藝術精神的人，不要從美感中尋找，以免阻塞了創作的源頭。

自此引申，美感的教育不能通過純藝術的教育去完成。在日常生活中尋找，自日用器物中覓求，才是一條正途。我們的教育當局及美育工作者一直沒釐清楚這一點，所以在美育的方面高談了幾十年，一點成績也沒有。不但在教育上沒有成績，在教師的作育上也沒有成績，所以今天要認眞推行美育，教師都不知到哪裡去找呢？

好看就是美

美，究竟是什麼？哲學家、美學家，有各種不同的說法，有時候我們普通人無法了解。我認爲美感是人類的天賦，實在沒有必要弄得太玄虛。朱光潛先生談美，最深入淺出，引人入勝，但是他老先生也認爲一般人所謂美，大多指的是「好看」，指「愉快」，並不是美。依他的看法，我們的美感只是快感而已。這一點，我實在不能同意。

一、美感、快感與實用

他認爲「美感與快感是很容易分別的。」美感與實用無關，快感來自實用的滿足。他說「喝美酒所得的快感由於味感得到所需要的刺激，與飽食、暖衣的快感同爲實用的。」我實在很難想像，老一輩的學者會這樣單純的以實用與否來判斷是否具美感。其實在我看來，兩者確實很容易分別，然而美是一種抽象的品質，是附加價值，與附著在上面的東西是否實用是毫無關係的。美感與快感是完全不同的兩種東西，原來是不能攪和在一起的。我不了解為什麼要多費口舌。因此我覺得，他是公認的美學專家，卻不懂得美。

他認為一般人指的「好看」、「愉快」不算美。其實「好看」的品質與實用有什麼相干呢？實用是一件東西的本然價值，好看是一件東西的附加價值，也就是精神價值。這種精神價值存在的目的是使我們愉快。比如一件衣服是為我們蔽體、暖身之用，是否合身，是否厚薄恰到好處，全是為了實用，可是自從人類發明衣服以來，就考慮衣服的式樣、色澤、質料，只是為了好看，使我們感到愉快。你穿了一件好看的衣服，感到愉快，這不是快感，而是美感，你可以不必為此感到慚愧。

在我看來，人類的快感實在也不多。日常生活中為了滿足基本的慾望，並沒有「快」的感覺。只有非常強的本能的慾望得到滿足時，才有痛快的感覺。換句話說，平日口渴了喝一口水，算不上快感，只有渴了幾天，飲用的第一口水才可能有快感，快感是動物性的人類所追求的感覺，長時期的沒有快感的經驗，如果不在精神上尋求出路，就會有鬱悶的感覺，而失去了生命力。現代社會的人，平日豐衣足食，爲什麼老是不安份，每天新聞媒體上出現那麼多荒謬的消息呢？大部分原因，是來自於追求快感的本能。對於生命力過分旺盛的人，在性的慾望上，單純的婚姻關係不能解決，也是因爲婚姻會使性快感消失的緣故。

文明社會的賢哲們，爲了使人民發洩追求快感的慾望，常常發明一些辦法來解除壓力，以保持社會秩序的安定。爲此人類最重要的發明就是運動。在競技場上，以體力與技能來爭一日之長短，是追求快感最文明的辦法。羅馬時代的鬥獸場中的殺戮行爲，是發洩獸性快感最有效的方法，但太過於野蠻，對人類文明有不利的影響，所以爲後代所揚棄。

可是遊走在生命的邊緣的冒險行爲，克服恐懼，達成目標，永遠是得到快感的重要方法。現代的運動，有了科技的工具，賽車之類的危險性運動越來越發達，這就表示，人類越來越不容易滿足快感了。在過去，人類最常採取的滿足快感的方法是婚姻外的性行爲，也是因爲多少帶些冒險性之故。自從現代社會性開放之後，性行爲成爲家常便飯，快感就很快消失，所以才有性虐待之類的名堂出現，以強化性行爲的快感。

我爲什麼花這些篇幅來解釋快感呢？因爲我要說明美感與快感是風馬牛不相及的。相反的，美感之所以成爲文明世界最重視的文化果實，正是因爲賢哲們希望以美感取代快感，來解除精神的壓力，滿足精神的需要。所以美感經驗絕對是「愉快」的，不是「痛快」。用英文來說，愉快是delightful，痛快是Satisfying。

二、美與誘惑

朱光潛談到另一個例子是羅斯金所說的「我從來沒有看見過一座希臘女神雕像有一位血色鮮麗的英國姑娘的一半美」。朱先生認爲羅斯金把血色鮮麗的引誘力與美混爲一談了。他認爲英國姑娘的美不算美，是快感。讀者朋友們讀了我上文的淺見，可以知道只看一眼血色鮮麗的英國姑娘，不可能產生快感。朱先生基於中國人的道德修養，多少有受了些「非禮勿視」的影響，所以認爲看一眼就會受到誘惑，而受到誘惑就得到快感。如果眞正如此，就不會發生強姦之類的事了。

血色鮮麗的英國姑娘是不是一定有誘惑力呢？今天我們知道是不一定的。我去過英國多次，見過的英國姑娘不少，她們大多血色鮮麗，也有相當動人的。可是我不記得對我發生過引誘力量。

羅斯金是一位主張生命活力才是美的理論家。絕不會把女性的誘惑與女性的美混爲一談。比較一座石雕女像與一個活潑動人的女孩子，本來是很單純的，石雕沒有生命，女孩子有生命，所以我們會自女孩子身上得到更多的愉快。石雕的美固然值得我們欣賞，生命之美有時更令我們感動。

生命之美是很有趣的話題，我們以後再詳談。在此我要爲讀者朋友們分辨的是美與誘惑的關係。

上帝創造人類的時候，給了我們適度的行動的自由。祂爲我們求生存的能力設定了條件，我們就在此遊戲規則下自由活動。我們要生存必須有足夠的食物。爲了指導我們尋找有營養的食物，就設定了鼻子聞到香味，舌頭嘗到甜味，就是好吃的東西。這就是香甜爲美味之本的原因。上帝設計了香甜之味，確實是要引誘我們產生吃的慾望。

可是人類的智慧超過了上帝的預期。經過一段時期的發展，嗅覺與味覺超越了單純的食慾誘因的水準，形成一種令人難以想像的雅緻度。這時候飲食已經不再是動機了，嗅覺的與味覺的愉快才是動機。

這樣的美感，確實可以稱之爲享樂主義的美感，因爲官能的美感要有錢才能滿足，可是它與原始的慾望已經脫離關係了。舉例說，我們都知道品賞美酒是不容易的事，但喝酒卻是大多數人都輕易做到，而且喜歡做的事。喝酒與品酒之間有何分別呢？喝酒的人只是喜歡得到酒精的刺激，品酒的人則在享受酒所散放出的特有的美味。所以眞正愛酒的人只少少的喝一點，絕不會狼吞虎嚥的。因爲他們要的不是酒精刺激的快感，而是佳釀的美味。美感與慾望的脫離，是人類文明史上很重要的一步，可惜在東方，一直沒有走到這一步。

三、美感與慾望

我們都知道，伊斯蘭教國家的女性是不准出門的，必須出門，也要把身體的每部分都裹在黑衣服裡，不可被人看見。越是落後的伊斯蘭教國家，此一教條執行得越嚴格。這種文化除了視女性爲男性的玩物之外，有一重要的觀念，即女性的美是具有誘惑性的，而且這種美存在的意義就是激起男性的慾望。因此在他們看來，女性肢體的暴露已經是不貞了。這是絕對的美感與慾望的一體論。在伊斯蘭教國家之外，凡重視女性貞操的民族，或多或少都有這樣的道德觀。

我國的古代的道德觀沒有落後到如此程度，但仍然談不上開明。女性的身體絕不能暴露，臉孔與雙手可以公開，所以中國的文字與藝術仍然有以女性美爲描述內容的。可惜的是中國文明在這方面並沒有向開明處發展，宋代以後反而更加封閉了。這一點，使得中國人一直把美貌視爲性行爲的前奏。沒有發展出正當的愛情觀，《西廂記》的故事就是最好的例子。

中國文明中，未能把美感自慾望中分解出來，因此在先賢的著作中，沒有美的觀念。相反的，美被視爲一種危險的品質，因爲它會誘人墮落，甚至亡國。美女之所以被視爲禍害、禍水，都是這樣來的。不客氣的說，朱光潛先生對美的看法，仍然脫離不了中國傳統觀念的影響。

古希臘文明的可貴，就是他們率先解放了人體。他們的衣著從來沒有不爲人所見的目的。對他們而言，人體是美的造物，因此是藝術家靈感的泉源。他們先從男性的身體開始解放，呈現在運動場上的裸露的男體，有力感之美，並有人體的美，建立起美的原則。然後在紀元前四世紀之後，解放了女性的身體。才有今

西方的雕像美（斯圖加特美術館中庭）。
（邱靖絨／攝）

天我們所見的古希臘的女神雕像。

把人體的美暴露出來，就是把美感與慾望在觀念上徹底分割。我們看了古希臘的女像，感受到絕俗的美感，但卻絲毫沒有引起慾望的感覺。這固然是因爲大理石雕像的質感有以致之，但即使我們把它幻想爲多彩的、有肉感的造物，同樣也引不起肉慾。因爲創作者是抱著尊崇神祇的心性來塑造美的化身的。「美」字就昇華爲一種精神品質了。這就如同愛情到了極處，就失掉了性慾一樣的道理。可惜這是中國人所不能理解的。

若干年前，國父紀念館爲了禁展裸體畫曾引起軒然大波，可知即使西方文明來到中國已數百年，我們在心底裡仍沒有辦法排除美慾不分的傳統感受。老一輩的人看到藝術家畫什麼裸女，心裡就感到彆扭。

由於我們的文化不曾把美感與慾望或實用分開，所以在生活中容不下美感，在實際人生中不注意美感。好像美感是超凡脫俗的東西，與現實無關的。這種觀念塑造了中國人的雙重人格。眞實的人格是入世的，凡俗的。注意現實價值，重名利，輕性靈。而想像的人格是出世的，超俗的，志在尋找性靈的世界。國人在過去廟堂之上沈迷於權力之追逐，官能之滿足，返回家園，則縱情書畫。美術就成為一種形式的生活的藝術，或可稱為逃避生活的藝術，中國的知識份子沒有眞正的生活藝術。這就是為什麼朱光潛先生強調美感與距離的關係。你必須脫離了眞實生活，才能享受到美感，即使是自然的美，也不能實際上自眞正的山水中體會，要霧裡看花般，若有若無，似眞似假才行。所以山水畫中的自然才是傳統文人所欣賞的自然。說起來難以置信，實情如此。

四、美與實用的結合

也是這個原因，中國的文人不太接受美與實用的結合。他們不承認工藝之美的價值。不能把美與實用在觀念上分開，就不能使他們在實體上結合。今天我們發現古代文人所使用的文房器物都具有高度的美感，可是他們認為那只是工巧與好看而已，並非美感。在他們想來，一些工藝的匠人如何創造出美的東西？

可是他們不能不承認，一個實用的物件也可以具有不實用的品質，而這個品質與人類的慾望無涉。美，不需要朱光潛所說的距離，也可以體會得到的。放在我桌上的黃花梨筆筒，只是一個盛筆的工具，但是它「有輪廓、有線紋、有顏色」，連朱老先生也承認是形相的直覺，是美感的經驗。

因此美的經驗是很直接的、性靈的。只要不想的太多，不要把它與其他的經驗混在一起，全心的追求「好看」與「愉快」，就可以逐漸進入美的世界，體會到先哲「美即宗教」的意味。

美，需要距離嗎？

在過去，大家都認爲美是一種與眞實生活不相干的東西。所以一定要與現實有了距離才談得上美，才能認識美的存在。

把距離說得最清楚的，是先輩美學家宗白華先生，他舉了一個例子，是郭姓女詩人寫的一首詩：

儂家家住兩湖東，
十二珠簾夕照紅，
今日忽從江上望，
始知家在畫圖中。

這位女詩人住在家裡，一點也沒有感覺自己的家有什麼美，可是離家外出，從遠處的江上回頭看，才發現自己的家像圖畫一樣的美。在這個例子中，她的家可能原本就美如圖畫，只是她身在其中無法體會而已，一旦有機會離開它，以外人的身分來看，就發現它的美。這個例子中指出的距離是眞正的空間距離。

與這個例子比較接近的，是朱光潛先生所舉的另一個例子。他說北方人看到西湖，無不驚訝它的美，但生長在西湖邊的人，則覺不過如此。今天大家都有這樣的經驗。旅遊發達，就是尋求美的經驗的人多了。可是一個再美的地方，去多了就沒有感覺。所以「新奇的地方都比熟悉的地方美。」當地的人，身在其中，再美的地方也沒有感覺了，對觀光客而言，則是驚鴻一瞥。這個例子中的美感也是眞正的空間距離造成的，但多了一個因素，就是新奇。可稱之爲有新奇感的空間距離。

第三個例子也是朱先生提到的。他說「同是一棵樹，看它的正身本極平凡，看它的倒影卻常有成爲另一世界的色彩。」我們眼見的世界本是很平凡的，可是在霧中看，在月夜看，或爲大雪所覆蓋，就很美觀，這也就是鏡花水月之美。可是這類的美感與空間距離無關，是由虛幻的情景造成的，可視之為虛幻的距離。

距離本身不是美

以上的三個例子，有眞實的距離，新奇的距離與虛幻的距離，但卻有一共同點，即我們觀察到的東西，本身必先有一種美質。距離本身不是美，而是使美在我心裡呈現的條件。它們都屬於視覺之美。宗先生認為「更重要的是我們的心裡能主觀的反映美的形象」。這一點在視覺美的解釋上沒有問題，可是在以下的例子上就有問題了。

朱光潛觀察到，「人常是不滿自己的境遇而羨慕他人的境遇」。所以種田的人羨慕讀書人，讀書人常慨嘆不如回鄉種田，因為旁觀者很容易忽略當事者辛苦的一面，只觀察到美好的一面。這是我們的共同經驗。一種生活方式自第三者看來總是美好有趣的，比如我們看到原始社會的人民，盛讚其自然文化之美，我們眞願意過那種日子嗎？這是一種生活的距離。

最後一個情形是宗、朱兩位先生都提到的，也是他們認爲最重要的，宗先生說：「如果我們的心靈起伏萬變，經常碰到感情的波濤、思想的矛盾，當我們身在其中時，恐怕嘗到的是苦悶，而未必爲美。只有莎士比亞或巴爾札克把它形象化了，表現在文藝裡，大家方感覺到心靈的美。」這指的是人類的感情，要經過描述才能脫離現實，體會到它的美質。

朱先生提到在人生中，「本來是很辛酸的遭遇，到後來往往變成很甜美的回憶。」這也是我們的共同經驗。過去的事，苦也苦過了，回頭看看，只剩下令人微笑的回憶，像看小說一樣。這種美感是自時間的距離上產生的。

這兩個例子的性質是近似的。它們都是說明人生現實中的苦難如何轉化爲美感。一是經過文學的手段予以再現，一是經過一段時間的沉澱而自我反視。可是它們的共同特點是從悲苦轉化爲美感。所以美學家很重視「移情」的觀念。宗先生說：「我們的感情要經過一番洗滌，克服了私欲和利害的計較，才能有一顆反映美感的心。」這就需要下一番修養的功夫，把現實生活的醜惡面洗掉，露出心靈的美來。可是究竟美是什麼？仍交代不清楚。

實際上，如果沒有人生經驗，就無法深度的欣賞文學家所表現出之心靈之美。有了豐富的體驗，欣賞文學作品就像有人把你的經驗轉變爲藝術一樣，回頭去看，痛苦就變成美感了。所以人生經驗與個人的修養是缺一不可的。

與現實人生的距離，是不是美的必要條件呢？這一點我是不能承認的。可是對於前輩美學家的看法，我也是很佩服的。我要怎麼解釋這其間的矛盾呢？很簡單，因爲他們所談的美與我認爲的美是不相同的。

這兩位先輩所談的美是文學藝術中呈現的感動力。我喜歡談的美是入世的美，也就是現實生活中的美。

「共鳴」不一定是美感

在人類數千年的歷史中，現實人生都是過得很艱苦的。也正因爲如此，人類才發明了藝術來撫慰苦難中的心靈。這種功能，今天的作者很容易以為藝術乃以美的力量來達成的。其實不然，我們常用「共鳴」二字來形容藝術品，尤其是文學作品給我們的感動。文藝之所以能撫慰心靈，就是因為使我們的心靈深處產生感應。這種感動來自我們的人生際遇與文藝作品之間的深度應合。「共鳴」不一定是美感。我們會因戲劇中的情節而有所感應，甚至感動得流淚。有些悲苦的故事得到觀眾的同情，而不是美的感受。因為對美的反應是愉快，然而在文學與藝術中呈現的人生雖多悲苦，卻因已非現實人生，所以觀賞者可以超然的、細膩的為虛擬的人生所感動。如果是眞實的人生，反而少會感動了。

感動力與美之間有沒有關係呢？並沒有必然的關係。一個有感動力的藝術品不一定有美感，但是美感有時候可以增加感動力。在古代，由於藝術的貴族屬性，常少不了美感，到今天卻不一定了。比如在說故事的時候，點綴著對景色的描述，說故事使用的語言文字，極盡講究之能事。這樣可以控制整體的氣氛，加強感動的效果。但是對於不具備美感接受能力的讀者，這些都是多餘的。

美與現實人生的距離在文藝上是如此，在美術上如何呢？

一般說起來，距離的意義在美術上更容易解釋。在現代藝術出現之前，繪畫與雕刻存在的意義就是美。畫家在現實世界中取材，以其生花妙筆呈現在畫布上。他所取之材也許是美的山川、花朵，也許是醜陋的城市之一角，經過他的手呈現出來的都是美。從現實世界到畫布是空間的距離。這與宗白華所說的自河上看自己的家是一個道理。

可是在這裡，距離也不是足夠的條件。畫家的心與手爲形象的轉化加上了作料。這可能是美術之爲美的主要原因。

一幅畫眞正的美質，並不是距離所造成。我們看到畫中一棟房屋，對該房屋的主人而言，固然有眞實與虛構的距離在，但對不熟悉該屋的一般觀眾而言，這種距離並不存在。我們感到此畫之美，乃因畫家使用藝術的手法表現出這棟房屋。他不但在構圖上把這棟房屋以特有方式突顯出來，並且配上一些現實中不爲人所注意的細節。他用畫筆與顏料爲這棟房屋化妝，使它成爲令人感動的存在。他呈現在畫面上的已經不是原來的房屋了。

即使是一幅攝影的作品，也不能只以距離來解釋其美感。攝影中呈現的形象雖然與現實中的形象完全一樣，但是經過鏡頭，攝影家以他特有的觀點，採取了特有的角度，把眞實世界的形象變成其作品中的形象。他再以特有的敏感度使他在某一光影的狀況下按下快門，又以他獨有的暗房技法，使一張照片上的形象按照他的感覺呈現出來。如果這照片上是一棟房屋，它實在不再是那棟房屋，而是一種傳達美感的道具，在這一點上，攝影與繪畫是相同的。

我要在這裡說明的，是過去把美感視爲距離造成的觀念是一種誤解。第一個誤解是把文學與藝術中基於人生經驗而生的「共鳴」視同美感。第二個誤解是把藝術與眞實間距離的本身視同美感。把美感認定爲距離所造成，自然產生進一步的誤解，認爲美只有在脫離生活眞實時才會產生。這個誤解就推演出眞實生活中沒有美感的結論，使得有些人相信美感只有在虛幻中存在，與現實生活是不相干的。

這個觀念基本上在貧窮的社會中，是有它的意義的。過去大家過窮日子衣食不足以溫飽，知識份子追求精神生活上的滿足，實在無法自現實生活中貪求美感。他們確實有必要創造虛幻的美感。

美與現實生活同在

如果把藝術與經驗生活對比起來，按照我的觀察，大致可分為三個階段。第一階段是貧苦期。這個階段最受重視的藝術是文學，那是因為文學是一種可以廉價傳播的藝術形式，而欣賞者幾乎完全靠人生經驗之共鳴。在生活艱苦的歲月，人生的經驗是豐富的，因此體會也是深刻的。由文學延伸出來的藝術形式是戲劇，所以抗戰時代以後的戲劇，特別是話劇，非常發達，青年觀眾也很熱烈的捧場。

第二階段是小康期。經濟生活一旦開始富裕，受重視的藝術的形式就改變了，這時候視覺藝術，特別是繪畫，成為主要的表現形式。因為繪畫傳達美感的經驗，可以直接提高精神生活的品質。繪畫是一種比較昂貴的藝術，但可以通過展覽來欣賞，或用印刷品傳播。在小康的社會，較考究的印刷足以推廣繪畫表現出來的視覺經驗。這時候，生活變遷，深刻的文學不容易得到共鳴，小資產階級的愛情故事為年輕人所熱愛。比較有深度的藝術愛好者，在繪畫中尋求精神的滿足。美感因此成為藝術的要件。

第三階段是富庶期。在富庶的生活中成長的人們，不知道人間有悲劇，人與人間的關係也因過分富裕而趨於淡漠。這時候，他們的精神生活著重於尋求娛樂性的滿足，並且因擁有一定的財產為自己築夢，因此最主要的藝術形式為生活藝術；也就是應用藝術。以人生經驗的共鳴而產生的情感，是非常遙遠了。即使是繪畫也趨於輕內容而重形式，有一目了然的效果。視覺的美感遂成為此一時期生活中唯一的精神價值了。

我們今天正處於第三階段的社會，所以必須以完全不同的觀點來看美感。在生活藝術中，美是眞實存在的，而且要與我們的現實生活同在。這之間沒有絲毫距離可言。如果貼近生活來看，我們不妨

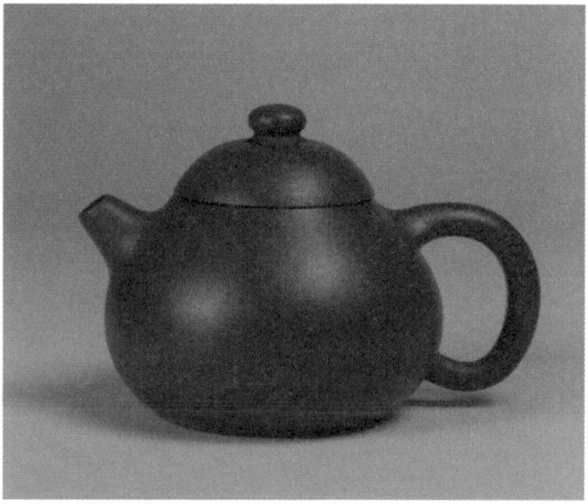

清朱泥文旦茶壺。（鄧成清／攝）

說，在生活中需要大量的美感，它們是否附著在藝術上，並不十分重要。是因爲在生活中充滿了美的事物，爲了方便，就把它們稱爲藝術品。它們可能只是一個杯子，一個茶壺而已。如果你手裡把握著一件藝術品，美與你又有什麼距離可言呢？

生命的美感

要認識美感，先要認識生命的美。英國十九世紀的美學家羅斯金（John Ruskin）先生主張生命的美學。他讚賞中世紀的造物的美感，批評古希臘、羅馬的藝術，是基於生命美感的體會。英國十九世紀的藝術受古典風影響很大，當時大英博物館已經成立，經希臘偷回來的神廟上的石雕已對大眾公開，上流社會對古典雕刻很著迷。他認爲這是錯誤的，就以女性的美感做例子，告訴大家大理石的雕像並不美，比起活潑可愛的英國鄉下女孩子差得多了。

他舉的這個例子就成爲後來的美學家常常引用，來爭辯古典、浪漫之美孰爲眞美的話題。有些人甚至不承認鄉下姑娘的美是美，而認爲一個活潑可愛的女孩子可以引起人的性慾，但不一定具備美的條件。持這種論調的人，包括朱光潛在內，其實並不認識生命之美。

美來自生命

我們要知道，美是自生命來的，沒有生命就沒有美的存在。美是什麼？是一種令人忘我的愉快感覺而已。爲什麼會產生這樣的感覺呢？是基於生命的需要。人類的各種感官所產生的感覺，當其初，都是生命的直接反應。上帝設計這些感官是爲了讓我們可以維持生命、鼓舞生命、迎接生命，因此對美感的體會是一種本能。

上帝設計了我們的味覺，使我們對食物有所選擇。大體上說，比較合我們口味的東西，都是我們生命之所需。最基本的是取沒有營養的食物，所以香甜可口的多有醣份，苦澀者或有毒害。進一步是鼓舞食慾，使生命力更加旺盛，因有刺激性飲食之出現，使食物可以激發心靈的火花。到了文明社會，味覺經過訓練，可以辨別細微的變化，產生地區性偏好。這時候味蕾對於某些味道的組合產生心靈的反應，而呈現美感效果。因此美食者就跨越了生物性的飲食需要，進入飲食鑑賞的層次。上帝爲我們設計了基本的機制，定下了基本規則，人類的文明把它精緻化了，乃產生純粹的美感。西方社會品酒的學問就是這樣來的。

再舉一個例子，是兩性間關係。古人說「食、色，性也」。這就是說，大自然創造了生物，好食爲維持生命，好色爲延續生命，所以都屬於天性，未可厚非。異性相吸是很自然的，所以在生理上，看到異性的形象，瞳孔會自然放大，細胞會自然興奮。這不是什麼丟臉的事情。

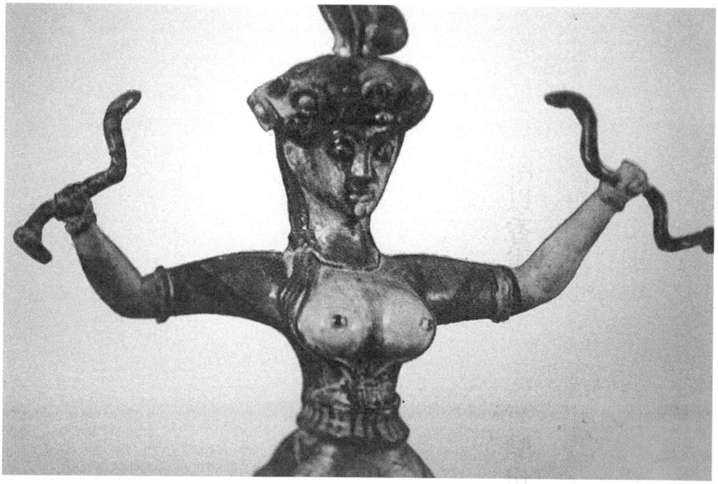

地中海的原始雕像：克里特（Crete）文化的原始之美。

美感發展的階段

自原始時代開始，人類對於異性的形象的反應就有所分辨。男性喜歡某類的女性，女性喜歡某類的男性。當其始，全是以生存能力爲分辨原則。最早出現的女性形象，爲多產之神，就是兩乳碩大，臀部誇張的女性，因爲這兩部分是女性生、養孩子的性徵。在原始時代，男性並不重要，但男性的形象出現時，上身呈現倒三角形，似象徵孔武有力的鬥士，這類男性自然就可以生出健康有能力的下一代。因此人類最基本的對異性的判斷與選擇的標準，是根據生存的需要產生的。

可是上帝設計人類這部機器，比一般生物複雜得多了，其他動物定時發情交配，彈無虛發，後代自然蔓延，人類交配無定時，交配後未必生子女，所以有必要加強兩性間的吸引力，那就是愛與美的基本功能。人類的文明促使愛與美轉化爲一種精神的力量，因爲人類脫離了動物群，成爲萬物之靈。

文明進步，人類對異性美的辨別也越來越細緻、越嚴格，到了古希臘的時代，人體

《寒食》的演出（民國67年9月，王信／攝）

美與神格就連在一起，美就完全神聖化了，與傳宗接代的慾望徹底分家。甚至自人體美中琢磨出一套美學來了。同時各民族也發展出自己的一套美的觀念。

以女體來說吧，最原始的大乳、肥臀的審美觀，經精緻化之後，產生了不大不小的適當的觀念，純美的理念就出現了。並不是越大越好，越肥越好，而是要恰當。就是中國人所說的「多一分則太肥，少一分則太瘦」的審美觀。中國人雖有此觀念，但因沒有展示裸體的傳統，所以談起人體美來沒有希臘人地道。古希臘人是用具體的造型，也就是大理石雕刻來呈現純粹的美感。到後來，甚至發展出美的公式。這一點更是中國人所無法想像的了。

綜結前文的介紹，可以把美感的發展分爲四個階段。第一個階段是原始的美感，以求生存爲目的；第二個階段是生命的美感，開始追求心靈滿足；第三個階段爲高貴的美感，以建立文明生活的品味；第四個階段爲抽象的美感，以追求普遍的原則爲目標。

朱光潛先生是一位學者，當然留心到的是抽象的美感。由於第二階段的美感，介乎原始的慾望與生活的品味之間，如果沒有欣賞生命的心情，是很難認識它的精妙之處，就不免把它看成原始的慾望了。

動態的生命的美感

生命要怎麼欣賞呢？其實老一派的美學家所最擅長的詩文的情境，是最接近生命的。只是他們不習慣把文學的美感與造形藝術的美感連在一起看而已。

生命的美不只是形象，包含了動態在內。因爲生命的精義是動。我們可以這樣說，靜態的美的形象，其特色是不動，其美是凝結的。今天看上去是美的，明天或若干時日後的未來看還是美的。如果這個美的事物使用的材料是耐久的，則它呈現的美也是恆久的、不變的。美學家稱之爲永恆的價值。藝術中的建築與雕塑就有這樣的特質。

然而生命的美感是動態的。如果用靜態的形相來比對，那就好像有無數個靜態的畫面所組成的動的畫面。比如我們看舞蹈家的表演，每一個動作在某一定點的時間，都是一個美的姿勢，可是在我們尚未定睛時，他的姿勢已經改變了。在我們眼前呈現連續的變化，是我們所不能掌握的，除非我們用錄影機錄下來，然後再予以分解。特別重要的是，舞蹈家舞動的過程就是自一個姿勢轉換到另一個姿勢的動作，是美的精髓所在。具有美感的動態，如同行雲流水一樣的自然，令人產生愉悅的情緒。

這還不能說明生命的美感的全部。生命的重要特色是個性。這是上帝賦予人類的特權。每個人都有自己的特有的生命，依他或她獨特的方式生存著。這個特性，自他或她生物的個體，到家庭的教養、生活的習慣，推至文化的背景、民族的傳統，以很神妙的方式結合在一起。因此，他或她一舉手、一投足，一顰一笑，都呈現出一種具有獨特的個性的動態。如果你感受到並了解生命的獨特性，就會欣賞它的美。

一個英國鄉下女孩子對我們的吸引力與對羅斯金的吸引力是大不相同的。他們屬於同一個民族，有類似的文化背景，因此他對她了解得多些。他們之間的不同，是家庭教養、生活習慣的差異。一位英國紳士的生活已經品味化、制式化了。而鄉下姑娘因爲沒有受到紳士的教育，又必須以勞動來換取生活所需，所以是樸實的、自然的，也比較接近生物性的原貌。有時候就是這種質樸自然、無拘無束之生命，使我們感動。

然而鄉下的家庭並不是沒有生活規範，他們只是沒有繁文縟節而已。他們早已脫離原始的生活方式，有了嚴格的行爲準則。農家的父母對子女的管教比起紳士家庭還要嚴厲。比如女孩子不可以袒胸露臂、招蜂引蝶等，鄉下姑娘可能接受更多的約束與傳統的道德規範與觀念的限制。有時候又是這種拘束羞澀、充滿恐懼感的生命使我們感動。

因此看在一個來自城裡的紳士眼裡，鄉下姑娘的面貌笑靨與舉手投足都帶有生命的力量。她的面孔沒有脂粉、沒有化妝，是純粹的大自然孕育出的青春風貌。她的眉目動作與語言腔調沒有經過訓練，自然表達出一種生命的吸引力。然而在異性面前因傳統的限制而呈現的素樸的羞澀，使自然的面貌更爲生動可觀。與這種天然的美感比較起來，城裡的姑娘就顯得太矯揉做作了。

生命的美感由於是天然的，就帶有一些原始慾望的成分。可是這慾望經過美的體會，就昇華爲一種精神的力量。由於生命中強烈的個性，對於不了解其背景的觀察者，只是新奇與神祕，也因此過濾了慾望，使呈現在眼前的只剩一個動人的畫面。因此我們看到一個活潑可愛的鄉下姑娘，由於她是盛開的鮮花一般的女孩子，使我們樂於接近她、欣賞她，被她所吸引。可是她的天然的美感不會激起我們進一步的慾望。與古希臘留下來的女神石雕比起來，這種生命的美感是實在的。當然，如果只看靜態的美，以古典的標準來衡量，世上幾乎沒有一個人，即使是西施復生，燕瘦環肥再世，也達不到那麼完美的境地。然而我們一生中都有爲女性美所感動的經驗。感動我們的大多不純是靜態的美感，而是女性的風姿。這樣的美感用詩文來描寫最爲適當。在造形藝術中，繪畫由於有色彩與光影，可以描寫生命的動感，比起雕刻來要適當些。但是要再現這樣的美感則非戲劇不可。

生命之美與古典美結合

生命之美與古希臘雕塑中呈現的古典美之間的關係又是如何呢？

古典之美爲一種客觀的、置之四海皆準的美感。因此是超乎生命的品質。具有古典美的品質的人物，會使生命的美感達到高不可攀的地步，使人不敢仰視。在我們的一生中，有時會遇到美得使你不敢注目的異性，所幸上帝創造萬物沒有完美的結合，所以人類之中既無完美的擁有古典美的造物，也無完美的擁有生命美感的造物。我們所看到的只是各種不同程度的古典美與生命美感的結合，因此人世之上才有令人眼花撩亂的人文景觀，才有說不完的人間戲劇。

世界萬物生生不息，變動不居，以積極樂觀的人生觀察這些事物的流變，就會得到一種神奇生命的力量。這時候所體會到的美感，是與生命密切連結的。以消極靜觀的人生來觀察之，則另是一種體會，如同王羲之在〈蘭亭集序〉說的，是一種人生的感懷。前者是以視覺的愉快為主的美感，後者是以文思的幽情為主的美感。所以在這裡，視覺藝術與文學是可以交集的。這個交集點就是詩情畫意。

傳統的繪畫為什麼在西方現代文明中受到重視，在藝術中獨領風騷數百年呢？就是因為它是唯一的表達工具，可以捕捉生命的美感，用古典美的原則呈顯出來。

輯二

先學著張開眼睛

什麼是古典美?

古典美是大家常用的字眼，也可以說是很通俗的用語。由於常用，其眞正的意思反而迷失了。大家脫口而出，卻不知道這原是一個藝術史上很重要的觀念。

中國人最常把「古典」二字解釋爲古代或過去。比如我們說古典美人，指的是穿古代的服飾，又弱不禁風的女子。我們對古代女孩子的印象，大多是自明代文學作品與繪畫中得來的，其實中國歷史上對美女的看法是因時代而異的。直到近一個世紀，出土了很多漢唐文物，在保存良好的女俑泥塑上，看到所謂「燕瘦、環肥」的意義。古代是指那一個時代，實在搞不清楚，只是大家信口開河，漫談漫應而已。

在西方，古典（Classic）這個字雖然也指古代，卻有兩個明確的意思。最初的意思是指上古，也就是古希臘與羅馬。當你把古典當形容詞用的時候，爲古典文學，或古典藝術，它就是指古希臘、羅馬的文學與藝術。它是對比於中古與現代等時代而言的。爲什麼用這字來形容古希臘、羅馬的文學與藝術？因爲這個字原有高級與優美的意思，而西方自文藝復興以後，認定古希臘、羅馬爲古典時代，也就是以當時的作品爲典範的意思。相形之下，中世紀的文學藝術就是粗鄙、低俗的了。

當然，它原有的字義仍然存在。「古典」除了表示上古時代之外，同時也表示高品質。當名詞用時，就無涉於時代，表示是最高級的成就，如文學名著、史學典籍等無可取代的創作品都稱爲Classic。又如西洋的音樂，一般認爲最高的成就在十八、九世紀，所以古典音樂就與上古無關，指的正是十八世紀前後的音樂。在中國人的習慣上，Classic不應只譯爲古典，有時應譯爲上等、高級等。

研究中國古建築的名教授，劉敦楨先生，曾寫過一本《古典園林》，內容是介紹江南現存的一些園林。他用古典這個形容詞，似乎兼有古代與精彩兩種意思，是典型的中國人對古典二字的使用法。可是在中國藝術史上未經明確認定，這種用法是不夠嚴謹的。不如在他之前的學者使用「江南園林」來得負責任。古典美從古希臘的雕刻說起言歸正傳，何謂古典美呢？依西方的字義來說，可以解釋為古典時代傳下來的美感，也可以說是高級、典雅的美感。今天我們所體會到的古典時期的美感，主要是自古希臘的雕刻與建築上來的。古希臘主要的藝術形式是雕刻，傳到今天的作品雖然沒有一件是非常完整的，但可以看到這些雕像，不論在面容上，在體態上所透露出的令人難以忘懷的美感。我們對於古典美的理解，可以不必通過美學的研究，直接自雕刻藝術中感受到。美是古希臘人的民族精神。

自雕像美中體會到的古典美，有幾個意涵：

第一，美得沒有瑕疵。我們欣賞一座古希臘的雕像，凝視它幾分鐘，找不出有什麼缺點。雕刻家對美的掌握太精確了。在面孔上，自眉毛、眼神、經挺直的鼻子與有力的嘴唇，都是美的化身。每座雕像上表現的雖有所不同，但都無懈可擊。至於身材，更是美得驚人了。看了紀元前四世紀以後的女身裸像，如愛與美之神，稱之為阿芙魯黛（Aphrodite）也好，維納斯（Venus）也好，才知道何為女身之美。

因為古希臘人是崇拜美的民族，他們把美的感覺與神劃上等號，所以就把他們觀察到的最完整的美感奉獻給神。我們今天看到的雕刻都是神像，因爲在人世間不可能有那麼完美的人體。因此這些雕像是人間美體的集合體，也可以說是理想的人體。

第二，美得超乎感情。通常我們會認爲，一個完美的人體對於異性會產生吸引力，甚至會形成迷戀。可是你說在希臘雕像的前面，絲毫沒有這種感覺，只覺得它美得耀眼，卻心不生波。這種特質才會使傾向於中世紀的評論家批評它們沒有生命。而這正是古典主義者視之珍貴的原因。

美而不動人有兩個原因，其一，來自創作者心目中的神性。因爲他要雕出一座美得通神的作品，他自然是心無雜念的。藝術家不帶感情的創作，其產品當然不會動人，雖然可能美得驚人。這與我國南北朝以來最好的菩薩像的美感是類似的。其二是古希臘人所用的材料是白色的大理石。高品質的大理石是細密的結晶形成的，表面透出晶瑩的光澤，對於呈現美的人體非常適當。據說在古希臘的時候，大理石神像與建築上都是有顏色的。但是我相信這樣精美的大理石，不可能全身上色，有之，也是衣物上加色，使之有眞實感。我們知道建築上只有在雕鑿較多處上色，柱樑仍呈現大理石的本色與質感。

我們在後世所見到的古希臘雕刻，除了少數例外，是純粹的白色。我相信當時的藝術家是以純白的觀念來創作的。古希臘人開始用大理石雕出貼身的衣服與衣服上的摺皺，而比較落後的文化，直到後世甚至今日，還是在神像上披戴衣物。我們的媽祖像就是例子。古希臘的藝術家，一方面要雕得極美，一方面要模仿眞實的動作，另方面也尊重材質。他在內心認定它是一座石像，因此沒有絲毫雜念，無涉於愛情與情慾。

第三，美得高貴典雅。由於藝術家的心中把美與神合而爲一，所以美中有神格，那就是高貴、肅穆、寧靜的氣質。以當時的雕

古希臘衛城（Erechtheum）的神廟。

刻技巧來看，應該可以雕出人間的七情六欲，或激烈的表情，但是古希臘人卻偏愛以和諧、均衡為原則的美感。這是自紀元前五世紀的大雕刻家費狄亞斯的作品所立下的典範。最重要的作品例子就是近年來希臘政府吵著要自大英博物館中討回的巴特農神廟搏風上的雕刻組。

這是一種平靜、安詳的美。欣賞這樣的雕刻，你感覺到心靈的寧靜，心胸的平和。我們知道在今天的藝術界，大多數的作品喜歡出奇制勝，以奇與險來動人心弦。可是古典時代，並不以奇、險為美。因為只有在平常中突出的美感才是眞正的美。一個女子要靠奇特的髮型，甚至臉上貼痣以吸引異性，這樣的吸引力不是美，可能是風騷。

古希臘的大理石雕像看不出一絲不平凡的感覺，他們是正常、普通的少女，連一點殘缺也沒有。他們大部分沒有穿戴，只有一塊布披在身上，因此才顯露出身體的美。古希臘、羅馬的衣服就是這樣：一塊白色的袍子，沒有繡花，也沒有裝飾。只有在這種情形下，所表現出的美才是眞美，才是古典美。

第四，美有大眾性。既然藝術家追求的美感是來自平常心，也就是來自大家所共有之心。美學家們，自蘇格拉底、柏拉圖以來，都把美理論化爲一種客觀存在，永恆不變的理念，到後世引起很多爭執。其實不必去爭辯，不談美學只談美就可以了。只要藝術家心存眾人之心，美自然就客觀化了。何謂平常？就是大家都有五官，都有四肢，雕像上也是如此。然而我的鼻子太扁、眼睛太斜、嘴巴太大，而雕像上卻恰恰合適。它有我無法達到的美感，我自心底裡明白。

爲什麼平凡，卻又高貴呢？不平凡是不特殊，也就是與眾人相同、相通。它原是我們中的一份子。然而卻爲何高貴呢？因爲它不同於我們，它有完美的特質。平凡與否是指實質的存在，高貴與否是指和諧美的存在。

古典美是天眞無邪的。那是在人類文化發展的童年期，毫無心機的狀態下的產物。當時的藝術家很單純的，覺得怎樣好看就怎樣做了。既沒有深奧的理論的指導，也沒有各種學派間的鬥爭，好像耶教聖經上尚沒有吃智慧果子的亞當、夏娃，所以發於赤子之心。這就是依古典的原則創造的美感無人不愛的原因。

這就是爲什麼古典藝術在文藝復興之後的歐洲成爲貴族的象徵，到了資本主義發達的十九世紀，也爲一般平民所喜愛，不僅如此，在廿世紀來臨後，爲農、工階級利益存在的社會主義國家如蘇俄，居然也主張古典寫實，反對前衛性的藝術。其實在現代藝術盛行的西方社會中，大多數的普羅民眾仍然是熱愛古典藝術的。就是因爲古典的也就是通俗的。這個看上去很矛盾的觀念，也就是台灣的奇美美術館的十九世紀西畫收藏，爲廿世紀台灣觀眾熱愛的原因。

綜之，

古典美是完美的

古典美是理想主義的

古典美是超乎感情的

漢唐女俑表現燕瘦、環肥之美。（鄧成清／攝）

（左：漢朝加彩仕女俑）（右：唐朝加彩立女俑）

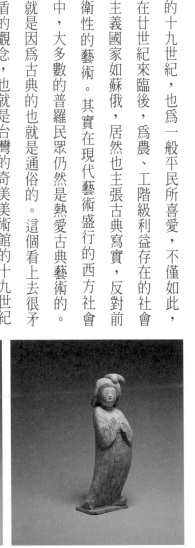

古典美是平凡而高貴的
古典美是通俗的

古典美以不同面貌出現

古典美在今天看來並不一定是讚美的用語，因爲今天的世界經過西方數百年的發展，已經不具備古典時代的社會背景。今天我們已不再歌頌完美，而認爲缺憾才是人生的眞實；今天我們也不再信奉理想主義，而認爲現實主義才比較有深度，有內涵。理想主義反而是虛僞與表演的代名詞。今天我們相信感情才是人生中最重要的，沒有感情的美只是假面具而已。同理，我們不再相信高貴與典雅的價值，因爲那是貴族的，少數人的價值。這一切都指向一點，即古典美是過去的價值觀，不再與現時代的精神相吻合。

但是他們所沒有注意到的是古典美感中的大眾性與平常性。有了這樣的性格，古典美的價值不但不會消失，而且會以不同的面貌出現，成爲審美活動的基礎。它是有永恆性，普遍性與客觀性的。到今天，人類進入多元價值的時代，極端個人主義的時代，在理論上，審美的判斷不再有固定的標準。「只要我喜歡，為什麼不可以」成為今天沒有價值標準的價值觀。「隨著感覺走」，成為一種新的教條，以個人的感覺否定一般的原則。多元價值是價值混亂的另一種說法而已。

在這樣的時代裡，大家的內心實在渴望新價值的建立，只不知如何重建而已。也許我們應該與古希臘人一樣，從頭思考美感的來源。其實古典的美學就是這樣以赤子之心，捫心自問得到的答案。

柏拉圖認為美與善一樣是永恆而崇高的價值，這是天然存在而不必辯論的觀念。他這種想法實在源於直接的觀察。美醜之辨，善惡之心似乎是人類的本能，不必學習就擁有的判斷力。這一點與我國的孟子「性善說」，基本上是相同的。孟子因為人天生有惻隱之心的直接觀察，而確立了性善論，只是因為我國沒有把美感視為正面的感覺品質而未經開發而已。

到亞里斯多德，才把這種天授的價值從人生經驗中加以分析，自形式上去認識美的存在，也就是分析爲什麼美。到今天，我們要從頭思索美的意義，這些唯心、唯物的觀點都是不可或缺的出發點。

美是精神，不是物質

我們對美感有多少了解呢？我們的美感教育的成效爲何？過去從未做過研究。不久前我曾在報上看到兩位教授分別講美，他們認爲眞實的人生就是美，感情的觸發就是美。這種說法對社會大眾而言是沒有幫助的，無法讓他們追求與體察豐富的人生，珍視感情生活。可是他們的看法，與很多高級知識份子一樣，基本上是反美的。認爲美是一種誘惑，一種奢侈，暗示著不道德的意味。所以我們正常、善良的好百姓最好不要談美，也不要受美的蠱惑。因此勸人忽視美的存在，是勸人爲善。但是爲什麼他們要把生命的意義，把感情的觸發硬要說成美呢？生命與感情本身就很有價值了，爲什麼不肯定它們的價值，一定要找美的麻煩呢？這是因爲在他們內心深處，美才是最高的渴望，他們不知道美在哪裡，無法掌握它的存在，因此只好找代用品聊以自慰！這是一種善意的欺騙。

最近我又看到天下雜誌做了一個美感調查。首先我要說明，我沒有看到他們使用的調查表。因爲調查表的設計影響調查結果。設計調查表的人若不明確知道美的意涵，則無法產生正確的民調。我一直覺得全民美育的推動計畫，先要有一個民調式的研究，以了解目前國民的審美程度，強在那裡，弱在那裡。這件事沒有人做，因爲主持美育的人沒有弄明白如何才能測知國民審美水準。他們甚至不十分確定美是什麼。天下雜誌有心做這件事實在太使我感動了。可是自發表的民調結果來看，使我感到他們的設計者也不很清楚什麼是美，因此民調的結果是國民對美的看

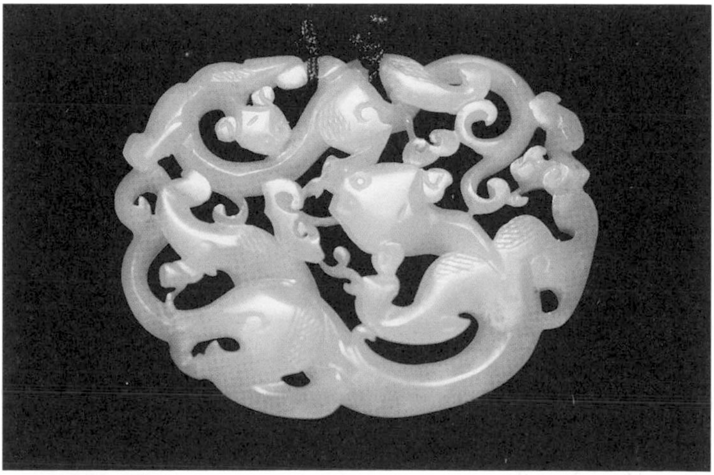

美感轉移到飾物：明代玉器裝飾。

法，並不是審美水準。

傳統中以美感為罪惡

「天下」的民調結果顯示民眾認爲最美的東西是自然風景，然後是適當的行爲。雖然這個調查使我感到對國民的審美水準的了解無甚大之幫助，但卻進一步證明了民族的價值觀。中國人的傳統中，美感是罪惡，所以古聖先賢把美字解釋爲善。我們的價值觀是善字掛帥，眞與美都是善的註腳。一直到今天，雖歷經兩千餘年，又經過現代化的洗禮，還是以愛美爲值得羞愧的事。如果我們扳起臉來問何者爲美，誰也不敢把使感官有愉快反應的體驗說出來。比如我們都愛看美麗的女郎，但誰也不肯承認。如果我們眞正不認爲美女爲美，何以每一本通俗雜誌的封面都是美女？每一商業廣告都要出現美女？有一位雜誌編輯告訴我，哪一期封面上少了美女，那一期的銷路就受影響，可是大家不願意承認。

美女因與性慾有關，有礙善行，所以心中喜歡卻不敢承認，對於美食、美酒，則持有犬儒的態度。也就是說，真正有高尚修養的人，對美食、美酒是不能認可的，因為它與口腹之慾有關。食慾雖不及性慾容易使人墮落，君子仍不宜沉湎其中，忘記了自己對社會所負有的重責大任。可是對那些懷才不遇，或對人世失望的知識份子，玩世不恭的生活態度卻可以原諒。這些人縱情於詩文，沉湎於口腹之慾乃別有懷抱，是可以原諒的。有時候，他們親近美女，也被視為一種風流，反而使人稱羨而傳誦一時。

然而我們一般人是不能承認的。今天的中產階級，可以瀟灑的承認喜歡美酒、美食，已經是觀念的開放。「一簞食，一瓢飲，回也不改其樂」為最高原則的時代已經過去了。但是使我們很舒暢的，心中一無牽掛的承認美的存在，只有自然景觀。因為自然的美景全無涉於慾念。自從魏晉以來，中國的士大夫就把自然美視為最高尚的美感，只與心性的修養連結在一起。陶淵明先生一句「採菊東籬下，悠然見南山」，把自然美的境界提升到聖哲的水平，成為知識份子的理想生活目標。後世中國的士大夫大多虛偽，完全達不到這樣崇高的境界，但卻成為中國民族的價值標準。台灣的民眾以自然景觀為最美，只是反映了此文化傳統而已。

對美感的壓抑與掩飾是中國文化中很嚴重的缺失，因而使中國人在美學上繳了白卷。由於美麗的女人對男性產生迷惑的效果，使負有重要任務的人失掉判斷力，中國的聖賢不得不否認美的價值。商王紂因妲己而失國，春秋時吳王夫差因西施而失國，是大家耳熟能詳的故事。美人計又是中國歷史上特有的策略，爲民間所流傳。因此美人就是禍水，絕世的美人可以「一笑傾城，再笑傾國」，不知美是多麼可怕的力量。基於這樣的認識，中國男人一方面壓抑對美感的需求，另方面則掩飾對美感的享受，因此社會無法把美公然呈現出來，成爲知識份子研究與欣賞的對象。他們把美女用衣服包起來，以免美麗的身體被人看到，以至於幾千年的中國人不知女體爲何物，女人被視爲全然的性工具。

轉移對美感的渴望

中國人很早以來就把對美感的渴望轉移到衣服與器物上。最貼近生活的就是配飾玉器。希臘人除了以人體爲基礎的雕塑與建築之外，幾乎沒有裝飾藝術。他們最重要的器物就是有刻畫的陶瓶。中國人並不重視陶器，卻把美感投注在接近人體的衣物上。生活日用器物則以漆器爲主。這些都是裝飾藝術。考古的發掘告訴我們，中國人在春秋戰國時代，玉器與漆器都做得極爲精美。可是很妙的是，古代的文獻上幾乎沒有片言隻字來描述這些器物之美。談到玉，從來不提它的美，而討論玉與君子的關係。理想的君子溫文如玉，於是把玉提升到溫柔

美感轉移到器物：宋朝竹節端硯。（鄧成清／攝）

恭良的境界，被視爲一種象徵。明明是一件美物，可以解讀書人對美感的飢渴，卻被說成道德行爲的象徵。因此佩玉之美就被掩飾起來了。

近世的中國，開始有書畫藝術。但書畫之美太過抽象，無法解決士大夫對美感的渴望。詩文與書畫是自六朝以來所歌頌的自然美發展出來的，代表了士大夫的表面價值。他們所歌頌的是一個虛幻的世界。爲了滿足生活中美感的需要，他們不玩玉，玩的是各種器物。自明代的家具上，可以看出文人對美感用心之深。明代末年江南一帶的黃花梨家具，自書桌、畫桌，到各種座椅，可以說結合了功能與美感，甚至放棄了漆色，突顯出木紋之本質。這是人類家具美學最值得稱許的貢獻。由於把美感掩飾在功能之中，中國文人才沒有罪惡感。而這也正是中國的美學思想最能與西方契合的階段。

然而這並不是明清文人美感發抒的全部。他們的園林藝術，在此不擬多述。可以一提的是他們的文房藝術。世界上沒有任何民族堪與明清文人在經營自己的生活環境時花下那麼多心思相比。文人日常生活中，無非讀書寫字作畫。他們就在書桌上的用具上做文章，創造了人類史上最有趣的一類具有豐富美感的器物。

中國文人以筆墨紙硯爲基本工具，因此有文房四寶之稱。除了筆、紙屬於純工藝之外，墨與硯都有文章可作。墨之質料固然重要，但其成型，與上面之花紋，雖然理論上是臨時存在，會因研墨而消失，其本身爲一造形藝術。墨之美，留傳到今天者爲數甚多，其造形與其上之裝飾，細纖精巧，令人捨不得使用，而收藏保存下來。至於硯，涉及學問更多，除了著名端、歙名石之外，其雕鑿之樣式，自宋代以來即門類眾多，硯石的藝術自成一門專學。明清兩代傳下來的作品數量極爲可觀。當時文人不乏以收藏硯石爲樂者。

從文房四寶之用發展出的輔助藝品種類也非常可觀。自筆之用發展出的有筆筒、筆架、筆洗等；自墨之用發展出的有墨床、水滴；自紙之用發展出的有紙鎮、裁紙器等；書寫時之用具如臂擱等。每樣東西都極精巧美觀，可以上手把玩。這些用具實際上是可有可無的，只是士大夫消閒時的玩具。明代以後，印章自己發展爲一種藝術，成爲中國文化一大特色。爲了掩飾愛美的事實，他們就用文案的需要來解釋，稱之爲「文玩」，以減少追求美的罪惡感。明清二代之文玩極爲可觀，但在中國文物中從來不受重視，甚至不如旁門左道的鼻煙壺。

這樣壓抑審美的渴望，其結果就是未能把美感在文化的上層呈現出來，無法成爲顯學。因此中國自明代以來，整體來說，審美能力逐漸墮落，俗文化反而上升，成爲品味的主流。到了現代，大部分的中國人已不知美爲何物了。這實在是中國文化的悲哀。

失去了對美的深刻體認，就會尋求美的代用品。最直接的代用品就是裝飾。不願意自身體上汲取美感，就只好在衣服上想辦法。衣服表面的裝飾強調精工細繡，或嵌以金線銀絲，使之燦爛奪目。以華麗爲美，不僅東方文化是如此，即使是西方文化在現代主義出現之前，如英國的維多利亞時代，也是如此。自此觀點看，現代主義運動可以視爲美感再發現的運動。

美與大美

把美字當作好字用，是很自然的。不但中國人如此，外國人亦然。那是用來描述一種理想的狀態。完美與美好連起來用都是這個意思。這樣去理解美，則美就是至善，就是樣樣令人滿意。如果把美字這樣解釋，則在眞、善、美三大價值中，美字就是眞與善完成的效果。美本身並不存在，只要達到眞、善的境界，美就自然存在。這是對美的最高肯定。

可是我們知道，美是存在的。它與眞、善在本質上並不相同。也許我們應該在美之上有大美的觀念。美仍然是指單純的感官愉悅的精神狀態，結合了眞與善而形成的至美的狀態，可稱之爲大美。這也許就是莊子所說「天地有大美而不言」的意思。

從「美好」的觀念而產生的對人生的評價，以中國魏晉時代最爲眞誠。那時候的人除了道德高尚以外，要「美姿容」，才是大家所敬仰的人。這是道家「大美」的觀念的實現。這種「眞誠」是指相對於儒家的思想而言，後世之論者總認爲六朝的人物，重外表，尙清談，不能在道德上有所建樹。可是從尊崇「美」的角度看，與後世的假道學相較，要眞誠多了。

美，由於發自本性，確實容易因過於沈湎而墮落。但因此而忽視之、漠視之，就是掩耳盜鈴，無濟於事。壓抑之，反而會轉移爲奢侈與華麗。古典時代的美爲文化之精髓，其建築力求本質之美，乃有巴特農神廟等千古典範之作。到了中世紀，不再頌揚美的偉大力量，重要的建築乃以繁飾、雕鑿相尙。這種情形在文藝復興之後再重複一次。義大利文藝復興體會古典美的精神，建築以比例與實體美爲主，到了後期的巴洛克建築，人的主體精神喪失，建築重新被覆蓋在裝飾之下。美反而成爲有權勢者的專利了。

我可以了解有良心的知識份子有意的排斥美的價值的動機。他們誤認爲美是富人的特權。所以才希望民眾不去尋求美的滿足，而在生命的本身體會到心靈的愉悅。即使一般大眾也不願承認物質生活中的美感，因爲美與財富、物質連在一起，誤爲是一種物慾，其實物只是附著美感的媒體而已！正因爲忽視了美的精神面，美才淪爲物質的呢。

美育的有效途徑

最近在不同的場合中談到美感教育的問題。由於某種機緣，我也有機會看到教育界的一些朋友，在爲九年一貫的教育編寫藝術與人文的教材。他們編寫得十分認眞，思考也很周詳，只是有一點，通過這樣的教育，我們未來的國民能否擁有比較高的審美判斷，我仍然感到懷疑。要使大家都有鑑賞「美」的能力眞有這麼難嗎？要怎樣才能做到這一點呢？

培養美感的敏銳度

談到審美教育，我向來不參考別人的說法，因爲我自己有幾十年的教學經驗，教的雖是建築，在骨子裡，實際上就是建築的美學。有人懷疑我的話，認爲建築的內容與實務都很廣泛，何以建築的教學被定義爲美學？誠然，建築系開出很多課程要求學生選讀，但是教學的核心就是要訓練學生成爲一個有水準、有能力的建築家。而在建築這個行業裡，爭取業務的本領是學校裡不教的，協調各種專家把建築蓋起來也是不教的。這些都要自己到社會上經過磨練，自我學習，才掌握得到。在學校裡學到的，實際上只是怎麼做出美的建築而已。然而不能鑑別美，如何知道何謂美的建築，又如何創作出美的建築呢？

正因爲如此，建築的教學是非常困難的。要成功的作育出一位優秀的年輕建築家，就是要自美感的敏銳度開始培養起。當然了，他們畢業後在事業上的成敗是與審美能力沒有必然關係的，可是身爲建築教授，我們的任務就帶有理想主義的色彩，希望所有的建築師都有足夠的審美素養。

話說回頭，在我求學與教學的半個世紀間，對美感教育我體會到些什麼呢？我的第一個體會是，美感是天賦的本能，人人都有認識美的潛能；由於是本能，對美覺察的能

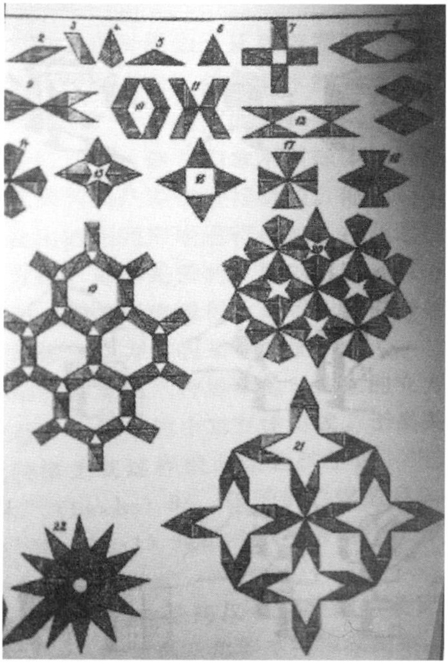

第十種恩物，圖畫材料，選自維伯的《童年的天堂》(1869)。

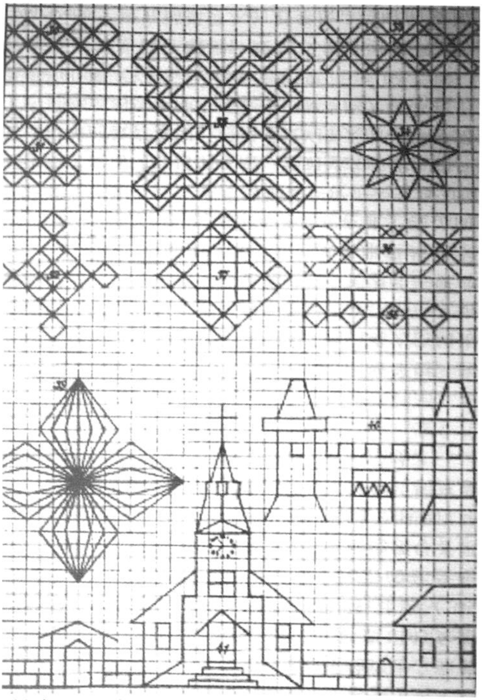

第七種恩物，小木片。選自維伯的《童年的天堂》(1869)。

力是有差等的，與智力一樣，生來並不平等。我的第二個體會是，美感的本能需要培養才能發揚光大。領會的能力雖然有差等，但都有培養的空間，雖然每個人因其天賦，其敏感度的最高限亦有差等。也就是說，只有極少數人擁有最高的敏感度。

智力與美感是兩條軌道

依據這兩個體會，我知道全民美育是可能的，而且是必要的。同時，只有審美敏感度最高的人才是有創造力衝動的人。智力與美感是兩條不同的軌道。我看到考進建築系的學生，有多種不同的背景，他們有些是高分考進來的，智力甚高；有些是勉強考進來的，功課不太好。可是他們的美感覺察力與此完全無關。功課特別好的，也可能對美的敏感度不高，功課不太好的，未必就沒有對於美良好的敏銳度。只是有極少數對美特別有高度敏感的學生，卻正好數理的表現極差，才有智力與美感相對立的錯誤觀念產生。基於此一體會，我才主張美育與智育一樣，應該全民化：一個現代國民不但應接受一定的知識的教育，也應該接受一定的美感的教育。

建築系的學生有相當多是因爲對建築不甚了解，或誤以爲建築這一行業可以賺錢才考進來的，因此學生美感的天賦不等是很自然的。但是基於有教無類的原則，建築系的教授必須一視同仁的作育他們，讓最缺乏天賦的人也擁有相當的美感判斷力。可是他們可以開業甚至發達，卻不可能成爲藝術家層級的建築師。有些智力高的學生在建築系畢業後改行了，而且都很成功。可是，在建築系的教育卻使他們足以在生活中享受美感。

美感教育的長久困境

民國五十六年我自美返國後，對比於歐美先進國家與日本，開始爲國人美感的遲鈍感到驚訝，也開始關心美感教育問題。由於有機會與美術界、設計界的朋友相接觸，發現藝術教育與設計教育間的差異。雖然建築與設計都是視覺藝術的一種，但被視爲與工程相關的藝術，是應用藝術，與純藝術是不同路的。我驚訝地發現學美術的朋友未必有敏銳的美感，甚至完全沒有對美的判斷能力。美術與美居然未必相通。大部分的美術家無法分辨一座建築的美。然而大部分的建築師或設計家都能欣賞美術作品的美。

這樣的體會使我覺悟到幾個事實。

第一，由於美術的教學自作品創作入手，因此在課程中並沒有美感的培養。而建築與設計的教學，由於是應用的，乃有基本設計教學的課程，爲美感啓蒙，而以後的設計習題，則是美感原則應用的實習。美就成爲他們學業的核心。在前文中，我首先分析藝術與美的不同，就是因爲我國的美育，多年來一直把美育等同藝術教育，因此讓藝術家去擔當美育的工作。

第二，由於這樣錯誤的認識，我國國民教育中實際等於沒有美感教育，目前國民的美感覺察能力低落，影響所及，大部分的知識份子都缺乏審美素養，因此社會上有影響力的人士，政治家、企業家等決策者，甚至大學校長們都不辨美醜，這種情形已使我國的美育沈淪到谷底，唯一的一線光亮就是與設計有關的大專教學，使得社會上仍有少數具有美感覺察力的人。但他們在社會上幾乎沒有任何影響力。

第三，美育的推動，設計一個類似設計學科的課程是必要的。因此國民中、小學的美育雖不必在鐘點上與智育爭長短，但每周一小時的唱遊或美勞，或藝術與人文確實是不夠的。每周一個下午是必要的。這使我想起，十九世紀的英國，國民教育中美術教學開始的時候就是以設計爲內容。直到今天仍有人主張在中學開設設計課程。這樣的教育奠定了英國工業發展的基礎。

美國有實行美育的環境

我雖有這樣的體會卻無法大聲提倡，因爲大家都會認爲這是一偏之見。最現成的一個問題就是：美國人也沒有這樣強制性的美育課程。可是他們有兩大特點是我們很難相比的。首先是他們的文化環境。美國，尤其是東部，基本上是歐洲文化的延伸，建築的環境有相當高的水準，因此建築的美是他們生活中的一部分。中部、西部發展較晚，不免有些急就章，但每一城市總有些文教、行政的建築，是經過認眞設計的。建築也許是一些復古的式樣，但卻不失美感。即使是貧民區的老建築，也有過相當輝煌的歲月。不但建築的環境如此，各地都有美術館、博物館等設備，從小就耳濡目染，看慣了美的東西。中產以上的家庭，把孩子送到「貴族」學校，其校園建築與室內裝潢常極爲典雅。因此他們的社會領導階層，自中學到大學大多出身於優美的校園環境中，受到潛在的美感教育而不自覺，更不要提美的家庭教育了。

其次是他們自由的教育作風。美國的中、小學教育讀書較少，遊玩較多；不作興考試，注重自己尋找知識。這樣的教育重生活，容易進行美感教育。自高中到大學，他們重視全人教育，藝術本來就是重要的一環。

一九六四年我進到哈佛大學設計研究院讀書，住他們的宿舍，在法學院的餐廳包伙。自助餐隨意找座位，初到時曾與一個法學院的學生同桌聊天，他聽說我學建築，就介紹我先看看劍橋附近的重要建築。法學院的學生居然把那一帶自十九世紀至今的著名建築如數家珍的說出來，而且還記得建築師的名字，遠遠超過我的知識範圍，令我大爲驚訝。建築之美對他們來說不是學問，是常識，社會上有這樣懂得美感的領導人物是多幸運的事！到今天，台灣談通識教育談了十幾年，毫無成果可言。改革眞是困難啊！

當然，以我國的情況與歐美等先進國家相比是不公平的，可是總要有個開始。問題是要從那裡開始。一個在基本上遺忘了美感的古老國家，要重新建立美感的素養，不使用點強硬的手段是很難收效的。

我常把流行的新美學觀念，也就是多元且具個性的審美觀，比為現代民主政治，把以客觀的美感為主體的傳統美學觀念，比為開明專制的政治。當年孫中山先生在設計中華民國的民主化過程的時候，把它分為三個階段，即軍政時期、訓政時期、憲政時期。軍政時期為平定全國，以軍領政的階段，訓政就是開明專制，教育國民如何做一個民主國家的公民，然後才把政權交給人民。孫先生是聰明絕頂的人，他看出了一個做慣了順民的民族，一旦授與自主權可能出現的亂象。但是他的智慧中有盲點，他沒有看到貧窮與戰亂阻礙訓政的實施。因此，台灣的民主政治才只能在混亂中學步前進。

一個追求進步的落後國家，其人民的美感素養的提升，也可以作如是觀。審美活動是有其個性內發的成分，但那要建立在普遍的美感之上才有價值。否則人人都抱著「只要我喜歡，有什麼不可以」的態度，就回到無政府主義與虛無主義的立場，也就沒有美可以談了。

我們的國家沒有經過歐美先進國家那一段漫長的、主導權自專制政府逐漸轉移到資產階級手上的歷史，因此政治的民主化與美感的普及化都沒有經過演化的階段，主導權就突然落到大眾手上了。這個時候已經沒有人有資格指導你，做你的老師了。所幸政治與美感到底不同，美感可以通過教育來提升，即使在民主的時代，孩子們還是須要老師指導的。問題不在教育方法，在於教育界是否同意審美能力需要特殊的教育。

美感教育的任務在激發審美能力

我主張訓政式的美感教育，但並不是主張廢除啓發式的藝術與人文教育。目前規劃中的九年一貫的藝術教育，在精神上我完全贊同，只是在方法上我稍有意見。可是我認爲不論怎樣做，其實都無法達到審美教育的目的。這就是我主張把美感教育作爲獨立學科的原因。

美感教育與藝術欣賞是比較接近的，似乎可以放在同一課程中。可是美感教育眞正的任務是把孩子們潛在的審美能力發展出來，形成一種判斷力。欣賞可以用爲美感判斷力的實習，同時提供判斷中不可避免的知性成分。我主張美感教育自設計美感著手，是因爲那是視覺美的基礎，最接近審美的潛能。我心目中的美感教學的輪廓有點近似設計學校一年級講授的「基本設計」。這門課原本是在二十世紀二十年代在德國的Bauhaus發展出來的，後來經過改進，成爲美術學院入門課程，代替人體素描的教育功能。因爲兼有感性開發與知性判斷的作用，我認爲不應只限於美術學校學生，一般人都可以自此受益。可惜的是，我國藝術教育界人士沒有受過這樣的教育，也不知道它的好處，從來沒有人提起過。

我知道這樣的意見會被認爲旁門左道。可是我深信只有這樣做才有迅速提升國民美感素養的可能。這門課可以開在高中部，或國中的三年級，有了這樣的基礎，進入大學，談現代藝術史就可以了。以設計教學進行美育不愁沒有教師，因爲國內有幾十所大學設有設計學院或相關學系。略加講習，就有能力施教。不會遭遇到九年一貫藝教所遭遇到的師資與課程問題。一旦實施，五年以內就應該有顯著的效果。

先學著張開眼睛

美感教育的第一步是張開眼睛。

張開眼睛又有何難？可是大部分的人都是睜眼瞎子。這不是罵人，而是說明我們的器官本身是沒有意識的，雖然生長在我們的身上，有充分的功能，當其用，則需要心靈的貫注。張開眼睛可以看到萬物，是否能看到，則要視「心」有沒有要我們看到。

改變「視而不見」的習慣

大部分的人，眼睛的能力很強，但它的首要功能只是供尋找之用。我們走到不熟悉的街上，先找路牌，想知道身處何處。然後找門牌，希望找到我們的目的地。如果是去赴筵，則找餐館的招牌。除此之外，街上的一切，我們幾乎等於沒有看到。所以我們到外國旅行，大多是靠導遊帶領，帶到名勝之地，要我們攝影留念，對於該城、該地，我們都看到了，卻沒有真正看見。

所以我們並不是沒有張開眼睛，而是「視而不見」。周遭事物曾出現在視網膜上，而這些影像卻沒有印在心版上。好比你用照相機在尋找鏡頭，卻一直沒有按下快門，只有按下快門的那一瞬間，才真正產生了記憶的作用，沒有按就表示那個時刻鏡頭之所見，在你心裡沒有感到有記憶的必要。

眼睛的第二個重要功能是判別其意義。這就不單是尋找了，而是與心智共同合作的機制，我們走進百貨店，希望尋找一些可購買之物。這時候的尋找並非單純的目標，而是與我們的生活需要在腦子裡存的檔案相關的。所以每看到一樣東西，腦子的檔案就快速的翻一遍，如果眼見之物與檔案中的一項相配合，眼睛就會真正的看見這件東西。這是初步判斷，但還要進一步對眼見之物是否真正合用，進行深度判斷，對於眼見之物的形狀與外觀，未必真正看到。

比如我們缺少一只煎蛋的鍋。在百貨店裡看到鍋子，就把眼光集中到鍋底，看它是否夠平，是否容易起鍋，我們看了很多鍋子，實際上沒有看到它們，只是看到鍋底而已，因此形成對鍋子的「偏見」。

重新恢復觀察力

以上所說的一般人張開眼睛視物的習慣，目的是指出一個事實：人類的眼睛原是為求生存而存在的。在生存遇到威脅的時候，眼睛幫我們如何判斷敵我，以及如何躲開危險，逃避對生命的威脅，或尋找食物以保存生命。在文明的社會中，原始的視覺功能逐漸消失，視覺的敏感度也跟著消失了。到今天，我們的眼睛大部分時間在讀書、看電視，對於環境的覺察力降低到最低點，所剩只是最基本的功能而已，因此要使用這一雙眼睛建構美感世界，就必須重新恢復觀察力。

培養注意力與好奇心

恢復眼睛看的能力，第一步是不再尋找特定目標，而是對眼前所見的一切加以注視。這並不是很容易的事，因爲它不涉及於生存的基本，習慣上會予以忽視，以便集中精神於重要的事物。這是觀察力必須加以訓練的原因。

舉一個例子。我的家並不是豪華的住處，但基於愛好，總放置了一些字畫與古物，雖不是了不起的藝術品，卻有一定的趣味，可是大多數的來訪者，在進門時看到我以後，除了極少的例外，幾乎完全沒有注意到客廳中的陳設。他們連一點好奇心都沒有。也許你可以說，他們太客氣了，不好意思東張西望，但是一個注意環境的人是無法掩飾其好奇的眼光的。

美感與好奇心

前文說過，眼睛必須與心相連才能發揮「看」的作用。要養成對環境的注意力，首先要培養好奇心，今天的社會已經沒有生存的問題，我們必須用好奇心來塡補過去求生存之心。由於好奇心是一切學習行爲的起點，所以美感教育與其他學習一樣，自同一起點開始的。所不同的是學習其他課程可以不必一定有好奇心，只要讀課文，聽老師講解，經過考試就可以達成相當的效果，而美感教育，除非你有這份好奇心，效果是有限的。換言之，美感教育的成功必須先養成好奇心，而又由於有了好奇心，其他學習活動會增加深度，因此成功的美感教育應該是一切理想的學習活動的基礎。

好奇心是對新奇事物的興趣。有天份的人比較有好奇心；所以天才之中帶有天生的好奇心。一般人則視天份與個性的不同，有不同程度的好奇心。西方人鼓勵好奇心，我國的傳統文化對士人的教養則壓抑好奇心。這一點使傳統的讀書人失掉了觀察的能力，因此在科學與文化上都大幅度的落後於西洋。要鼓勵好奇心的發展，首先要破除傳統中對萬事漠然，不爲新奇所動的心性修養。

當然，在美感教育中，追求新奇並不是目標，對不熟悉的事物發生興趣，進而集中注意力才是我們的目的。要怎樣培養好奇心，教育界的朋友們一定有更成熟的說法，我不必在這裡饒舌。在這裡我要說的，是現代社會中由於人類的注意力趨於遲鈍，總是被大眾文化的經營者所利用，是非常嚴重的問題，要特別留意。大眾文化是以文化爲名的商業經營者。不論是電視，或主題樂園，或其他觀光設施，知道大眾的注意力薄弱，就使用技巧誘導之，用一句通俗的話說，就是牽著他們的鼻子走。使用的方式常常是刺激，或過度的刺激。由於強力的刺激張開了他們的眼睛，他們就失掉了平常生活中的觀察力，好奇心就完全消失了。

置好奇心於平常生活景象

好奇心與平常心其實是並存的。只有在平常心中才顯出好奇的意義。我們進到迪斯奈樂園，受到各種預先設計的驚奇事物吸引，甚至大聲驚叫，卻理所當然的接受，不會對這些刺激場景感到好奇。相反的，當我們進到一個陌生的一般的市街，或自然環境，感到新奇，知道它的存在不是故意設計出來的，而有其獨特的歷史背景。這時候，對於敏感的人就會引發追究其淵源的好奇心。爲什麼呢？是好奇心的發端。

這樣的問題，不斷的追問下去，會使人成爲學者。一般人不會如此追根到底，至少可以對一般的現象有所了解，並且張開眼睛，看到了該看到的東西。比如一個外國人進到台灣的街巷裡，只感到雜亂無章，使他無法忍受。如果他有好奇心，就會問爲什麼有此雜亂的感覺呢？他會發現原來建築的陽台上裝了不同的鐵柵，屋頂上突出各種加添物，到處都是市招。這裡不是貧民窟，爲什麼有這些現象呢？難道政府不會干涉嗎？這樣追問下去，他會深度的了解中國的社會文化而成爲中國通。或者他會很細緻的了解中國人的環境觀。

放大眼界：見樹、見林，還得見山嶺

恢復眼睛的覺察力，第二步要放大眼界，不再有標的偏見，而著眼於環境的整體。這是說，不但要張開眼睛看到東西，而且要看到全面。一般人眼睛未經訓練，即使受到吸引，也只能見樹不見林。比如花季到來，大家都去陽明山看花。可是看花的人有不同的感受，有些人只會看花，所以只對燦爛的花朵有興趣。至於花朵長在那裡，他們沒有看到。這是見花不見樹。可是略懂得看花的人知道花是長在樹上的，花有樹上的枝葉相襯才美。所以這等人就注意到花樹的整體美感。可是樹並不單獨存在，一個眞正動人的花季是很多樹組成的。如果見樹不見林，就失掉了覺察更廣闊的美感的機會。如能見樹見林就是高明的觀察家，已經很懂得使用眼睛了。但是眞正懂得欣賞的人，還要理會林是生長在山嶺的環境中，依其獨特的生態而成長的，因此先要對陽明山的整體環境留意才成。

每到花季，內人就慫恿我去陽明山，我意興闌珊，總以遊人過多搪塞。其實眞正的理由是陽明山公園有花無景。也就是規畫該公園的人是一個眼光狹窄的設計家，他只知道花，知道樹，再多就不能察覺了。這正是台灣旅遊景點普遍的問題，因此水準無法提高。又比如到城市裡觀光，一般人連建築之美也無法覺察，只看到商店櫥窗與廣告。這就是商人花大價錢佈置櫥窗的原因。恢復眼睛的覺察力，先要擴及建築。街上的建築與你無關，也不是你的興趣所在。但建築師花了大心思設計來取悅你，你何不注目欣賞一番。能注目於建築的美已經很有程度了。還不夠，要看整條街道，看到建築時一併看到前面的人行道，以及上面的坐椅、街燈等設備。這些都是一體的，眞正懂得欣賞都市的人，看整個都市空間，也就是抬頭看遠景，看建築與樹木組成的形貌，看人群在空間中的活動，到這個程度，才算眞正張開了眼睛。

台北市是一個很醜陋的城市，可是市民的滿意度很高，就是因爲市民大多未受張開眼睛的訓練。人類的文明發展過程，有所謂「啓蒙」的步驟。智慧是如此，美感也是如此，這兩者之間是有連動關係的。啓蒙之前一切受迷信的支配，頭腦不會使用，眼睛不會看，只有經過啓蒙，世界才明亮起來。基督教的聖經上說，亞當夏娃因吃智慧的果子，懂得善惡、美醜，神生起氣來才把他們逐出伊甸園，受人生冶煉之苦。可見東、西方的神都以愚民政策來控制信眾。台北市民未曾經過視覺啓蒙，所以對環境品質沒有感覺。自這個觀點看，不懂得張眼看的人是很幸福的。對於一個自己無法控制的環境，視而不見反而不會形成心靈的壓抑感。

美感的醒悟

可是要打算做爲文明的國家，國民總要張開眼睛，對眼前的一切感到不耐。我們常說，一個國家的視覺環境具體的呈現國民視覺判斷的水準，無法強求。這是說，一個城市是否美觀，其公園綠地是否動人，不能責怪其設計者沒有能力，應視爲國民文化素養的總表現。試想設計師是誰聘請來的？他們工作的成果是誰批准的？當然是政府的領導者。這說明決策者沒有張開眼睛。如果市民們都經過視覺啓蒙，他們怎麼接受這樣令他們不愉快的成果？如果他們不能接受，政府領導者焉有不學習張開眼睛的道理？

張開眼睛是視覺啓蒙最重要的一步

當然，學著張開眼睛，認眞的觀察、欣賞所見的事物並不表示就能立刻掌握判斷的準則。但是在視覺啓蒙的過程中，這是最重要的一步。當我們有了對環境觀察的能力，就立刻出現價值判斷的需要。張開眼睛表示我們有了覺悟（awareness），忽然了解在我們自身之外的其他的東西都是有意義的。我們會尋求其意義，並嘗試對其價值下判斷，好像忽然醒過來了。

有了這樣的覺悟，一個普通智力的人就會自然學會對美感下正確的判斷。因爲美感原是人性潛存的能力。如果仍有困難，只要略加指點即可貫通。試以音樂爲例，過去在鄉下很少人知道有音樂的存在，今天城裡人都可以購置完備的音響並收集音樂CD。他們與鄉下人一樣並沒有音樂教育的背景，然而一旦知道樂音美的存在，城裡人並沒有欣賞音樂的困難。他們也許無法判別其細微之處，說不出音樂家之名號，但對動人的音樂，他們不但能感受其美，而且產生感情上的波瀾，因爲聲韻之美感是人性的一部分。

西方國民美育的經驗

對於美感，有一個常需要面對的問題是：爲什麼西洋人比我們高明？難道西洋的月亮眞的比我們圓嗎？

回答這樣的問題，我通常會說，那是因爲西洋啓蒙得比我們早，他們花了幾百年的時間逐漸自農村社會演變而爲城市文化，並形成以中產階級爲主幹的社會，在這個過程中，原屬於上層社會的價值觀，如審美的能力，逐漸傳遞到市民階級。到了廿世紀，隨著民主化與富庶化的進展，審美能力成爲西方文化不可或缺的一部分。大體上說，這樣的回答是正確的，只是不夠細膩與具體而已。

當然，「羅馬不是一天造成的」，西洋文明也不是不經努力就有今天的成就。他們普遍的審美能力不是天生的，甚至也不是前文所說的，完全因社會變遷自然發展而成。

這是與十九世紀以來，西洋的藝術教育史的發展密切相關的。

我不是教育史的專家，但我知道十九世紀是西方教育突飛猛進的階段。歐洲列強在國力上互相競爭，已認識到國民教育是國力的基礎，最晚到了十九世紀的中葉，歐洲各國都已覺悟到在普及教育中，藝術教育是很重要的一環，與語言、算術等有同等的地位，換句話說，工業生產造就了帝國主義，帝國主義認識了全民教育的重要性，教育家體悟到藝術教育對工業生產的價值。

英國的藝術教育與工業發展

我在公開演講時常說，國民的審美能力與國家的競爭力息息相關。可是很少有人認眞思考這句話的意思，有人甚至以爲這是我個人的一偏之見。只要翻閱西洋的藝術教育史，就知道這樣的觀點在近兩個世紀前的歐洲就提出來了，而且爲主政者接受。到了一八五〇年代，英國的公立學校裡，藝術教育成爲重要的學科，其教育目標中，圖畫的能力被視為基本修養。

維多利亞時代的英國把藝術教育的目標分為兩部分，一部分是在國內，對製造業的工作群予以教育，使具有良好的品味，一部分是在帝國統治的領土上，對帝國的民眾施以教育，養成他們消費的高品味。這樣的目標定向十分有趣，說明當時的教育家知道生產者應有一定的品味水準，消費者也要有同等的品味，才構成工業社會完整的產銷體系。在一百五十年前的英國所了解的教育功能，比起今天的台灣要深透得多了。

可是有一個問題在此必須提出，那就是為什麼工業產品一定要有品味？按照一般的常識，工業界為了應大眾生活的需要，生產某些產品；消費大眾為了生活的需要，購買此等產品，其間只有是否符合需要的問題，與品味沒有關係；何以品味成為教育的目標呢？

這說明在維多利亞時代的英國，在工業化的過程中，已注意到產品與美感都是生活所必需。我們知道在十九世紀中葉，文化評論家如羅斯金（John Ruskin）已大聲疾呼，工業化毀掉了手工藝時代的高貴的美感。因此如何提高工業產品的素質，達到中產階級消費者的水準，已經成爲知識界注目的課題。由於這樣的認識，當時的教育家就利用「圖畫」一課來解決這兩個課題，要知道，在十九世紀的西歐各國，藝術教育之受到重視，是應付工業社會的需要。在當時，國家希望進公立學校受教育的孩子們都能在長大後進入工業生產體系之中。因此政府有責任使他們具備基本的工業從業員的能力。「圖畫」課怎麼能達到教育的目的呢？

「圖畫」課的教學主題

首先是養成銳敏的眼力，辨別線條與形狀的特點，甚至可以讀設計圖。工業生產線上的工作人員大多要按圖做事，這是基本知識。在維多利亞時代，畫圖、讀圖是新時代的利器，如同今天的電腦，人人都應該有掌握的能力。爲了大量的訓練民眾，開設了夜間班，相當於今天的職業訓練班。

其次是設計的能力，可以爲某些需要設計產品。今天我們已不太知道他們的課程中要求多困難的設計課題，但一定有簡單的建築外形的組構。這樣可以學習掌握古典建築的原則。根據記載，當時已有透視法與陰影法的傳授，使他們有能力在圖面上呈現立體的形象，同時也可以學習古典的美感。到了十九世紀末，紐約使用的圖畫教科書中，包含了構圖設計與裝飾設計，以及運用幾何形產生悅目形狀的能力。

最後是美感的培育。在幾何圖案的課程中使孩子們領會對比、韻律、式樣等和諧的原則。這就是品味養成的初步了。爲了達到對視覺美感的掌握，他們也學徒手畫，就是不用界尺描繪物體，徒手畫可以養成孩子們觀察物體的眼力，知所辨別，並從知性中掌握審美的判斷力。

介紹到這裡，我忍不住向讀者說明，十九世紀中葉到廿世紀的四〇年

用器畫：用器物畫法所呈現的樣貌。
圖為商店門面設計活動。
（School arts,1938）

代，以上的圖畫課程，也就是建築專業教育的入門課程。民國四十一年，我進入台南工學院建築系就讀，一年級的課程正是西洋人國民教育中的「圖畫」的內容，只是分成很多門課來講授，加了些理論而已。換句話說，十九世紀一個西歐讀高小、初中的學生，所學的圖畫，就是後來建築系的準備課程。這些課在德國的包浩斯（Bauhaus）學校出現之後，才逐漸改變，二次大戰後，美國哈佛大學承接包浩斯的精神，把建築與設計的入門課，改爲通用至今的「基本設計」。

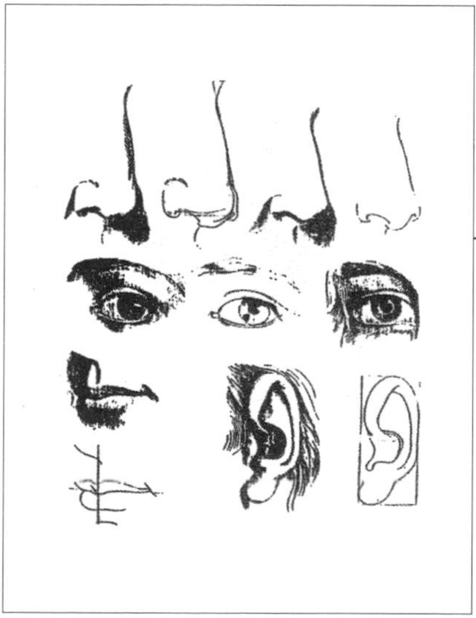

徒手畫：描繪人的臉部之示範圖。選自約瀚．加茲比．查普曼的《美國圖畫課本》（1858）。

西方藝術教育的歷史淵源

我提起這段歷史，是希望我國對國民美感培育感興趣的朋友們了解，今天的西洋人都有些基本的審美素養，不是天生的，是有歷史淵源的。他們在一百五十年前在教育上下了功夫，因此紮下了堅實的基礎。今天只是很輕鬆的享受大果實而已。我國的年輕朋友到外國去讀書，或學習藝術教育，只看到今天西方的藝術教育，卻不知道他們已有了美感教育的根基。對於沒有美育基礎的我國，如果不考慮本身的條件，只跟著今天的西洋藝術教育走，是很難與美育接軌的。

西洋的藝術教育，以「圖畫」爲主題的教學持續到一九四〇年左右。但是他們並沒有廢棄或忽視藝術表現方面的教育。在十九世紀的英國，公立學校支持國策，教授前文所述的、工具性的圖畫課，私立學校則教授表現性的、不需要下很多功夫的、趣味性的圖畫課。這兩種教法分別由兩種不同的教師組織所承擔。前者是國家藝術教師協會、後者則稱爲教員公會，在歷史上非常著名的工藝運動（Art and Craft Movement）就是由後者推展出來的。

英國人以公私立學校分開藝教的方向，是因爲公立學校的學生是一般大眾的子弟，私立學校的學生是貴族或富人的子弟，政府認爲平民的子弟要從事工業生產，有錢有勢者的子弟才有閒情學習帶有浪漫趣味的藝術。在今天看來，這是階級歧視，最最要不得的。但正因爲如此，西方國家強制的提升了社會大眾的審美水準。因爲貴族的子弟由於家庭背景的緣故，並不特別需要學校的美感培育的課程。這正是開發中國家遭遇到的難題，因爲在今天的民主政治氣氛下，政府是不可能做到這一點的。

我們要知道，在一八五〇到一九四〇年代這段時期，西方國家的政府在推行美育時，一直遭受到自由派教育觀念的挑戰。進步人士一直認爲藝術教育不應該是工具性的教育，而是兒童人格發展的重要手段。兒童藝術的推動應該合乎美術與教育的共同目標。所以在廿世紀初之後，各國採行的都是雙軌制，讓私立學校自由發展。也有些國家則同時實施兩種課程，一方面持續工具性的圖畫教育，一方面進行表現性的繪畫教育，各國情形因政治、社會情勢而異，比如瑞典，到了二次大戰之後才實施自由表現的藝術教育。

美國藝教的情形

以美國來說，三〇年代的經濟蕭條加上杜威的教育思想，使藝術教育逐漸脫離英國維多利亞時代的傳統，更注意藝術的社會品質。可是對孩子們的品味教育並沒有放鬆，有些教育家認爲藝術教育是國家文化的提升的重要手段，因此三〇年代以後，現代藝術在紐約現代美術館有一系列的展覽，使美國的教育系統逐漸接受現代藝術爲美國的民族文化的表徵。

可是他們的藝術教育在二次大戰前一直沒有放棄藝教的工具性。即使傳授抽象表現主義，也因爲抽象作品方向的不同，分爲形式主義與表現主義，形式主義就與設計相關，可以連上「圖畫」教學時代的目標；表現主義與創造力的發展有關，所以藝教的內容雖有變更，其潛在的目標是沒有改變的。

以上簡略的介紹西方國家藝術教育的發展，是參考了一本《課程、文化與藝術教育》的集子寫出來的。我寫文章向來不願意吊書袋，可是寫這篇文章不得不參考我的讀書筆記，是因爲我希望通過外國藝術教育的過程來說服讀者，以了解我們的藝教失敗的原因。如果讀者嫌煩，請原諒我一次。

我介紹西方藝教發展的目的，不外要說明以下幾點：

第一，西方國家的工業化並不全是物質主義的，自一開始就有很高的美感要求。而他們結合物質主義的發展與精神品質的方法就是通過美感教育，也就是初期的藝術教育。這是西方工業文明的根基。

第二，他們的藝術教育是結合工業與美術的，因此也是生活化的。他們的圖畫課，也像工程畫，也像美術畫，因此可以把美感培育與工作技能合而爲一，使美感內化爲生活的一部分。這是他們的審美水準普遍提升的基本原因。

第三，他們一個多世紀的經驗告訴我們，藝術教育中的美感教育與表現教育是兩回事，但是可以並存的。至少到二次大戰前後，基本美感培育仍然是他們藝術教育的基本目標。即使以現代藝術為教育手段，仍然以設計為課程的一部分。以達成美育的目的。看了西方國家的經驗，就知道我們的美育雖高唱了近一個世紀，竟完全沒有效果的原因。直到今天，教育界仍高唱「德、智、體、群、美」五育並重。在教育的改革中，提出九年一貫的人文、藝術課程，可是要怎樣達到全民美育的目的呢？似乎仍沒有具體的辦法。

美感的培育是藝術教育的重要目的

我主張美育，但從來沒有主張美育是藝術教育的唯一目的。自從雷德（Herbert Read）主張教育要通過藝術完成以後，藝術教育家就把藝術的學習看成兒童成長的萬靈丹，今天大家主張把人文與藝術放在一起教，就是這種觀念的實踐。這些，我都是贊成的。然而我始終認為在人生的素養中占有重要地位的美感的培育，仍然應該是藝術教育的重要目的。

做成一件事要有觀念，有方法。我國美育的失敗，證諸西洋的經驗，就是既無觀念，又無方法，只會喊口號而已。擔當藝教的朋友們，聽聽我的外行意見如何？

一脈相承的審美觀

我在前文中曾建議使用設計教學來提高國民的美感水準，甚至不惜把歐美自十九世紀中葉到廿世紀初的美育拿出來當例子，說明設計與美育之間的密切關係，很多人會認爲我對美有偏見，美爲何可以排除藝術的牽連，投入設計的懷抱呢？

在這個問題上，我的立場是很堅定的。讓我說明我持有此立場的道理。

古典美學的基礎

熟悉西方美學的朋友都知道西方是以古典美爲基礎的。雖然在理論上有很多枝節性的論爭，甚至到了十八世紀，有人挑戰古典美學的正確性，廿世紀要徹底推翻，可是在骨子裡，古典美仍然是審美的基礎。審美到今天已經清楚的分了兩條路，一是在思想與論辯上，古典美學已經死亡了，一是在實務與生活上，古典美學依然健在。而且一般人對美的看法與說法，仍然完全在古希臘大師們的言論範圍之內。

古典美學的核心準則是和諧與勻稱。其理論是比例（Proportion），有人翻譯為權衡。其實比例就是線段長短的比例，並沒有更高深的涵義。比例怎麼與美扯上關係呢？最早是由畢達格拉斯開始的，這位先生是古希臘的天才，是一位幾何學家，但是他發現了琴絃上的線段比例是琴音是否悅耳的原因。把一根絃綳緊，所產生的基音，與把絃分為整數的等分時所產生的單音有和諧的關係。這位先生而且發現了三、四、五比例的三根線段，首尾相接就是直角三角形。據說當他發現此一原理的時候，向繆斯女神獻了一百頭牛。

繆斯女神在古希臘是主管藝術與文學之神，可是在當時藝術與科學是分不開的，所以繆斯也管科學。在畢氏看來，他發現的是大自然美的奧秘、和諧和勻稱是科學也是美，這些都與數學的比例有關。

由於比例與美的關係是自音樂開始的，所以西方人在比例的美學上，對音樂界沒有異議。除了音樂之外問題就多了。文學的問題最多，是可想而知的，即使在視覺藝術上，也頗有爭議。可是爭議的要點不是否決比例的重要性，而是比例是不是唯一的原則。這個問題不難解決，只要承認是美的基礎，其他的條件加上去就可以了。首先加上去的就是秩序與排列。這是與對象的繁雜性相關的，很容易明白。

線段的比例美只有在最單純的情形下出現，可是世界上沒有那麼簡單的形象。就如同在聽覺世界裡，不會只有一根絃音一樣，視覺世界不可能只有幾根線條。有了超過一組比例的形象，就要看各部分之間的關係如何排列，而排列時必須在合乎比例的

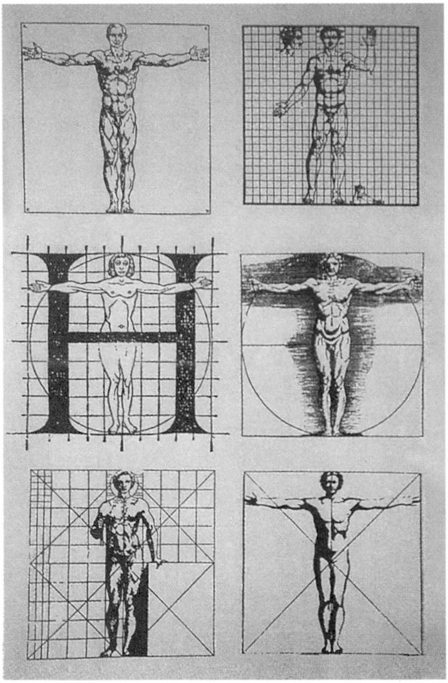

人體比例美：文藝復對人體比例的分析。

秩序下進行。秩序這個字是很抽象的，可以有各種解釋，最簡單的解釋是整齊，也是最合乎數學秩序的。

以比例來定義美，在古希臘時代就覺得不夠了。先增加對稱這個觀念。其實對稱是一種秩序，爲了避免紊亂而發現的一種排列方法。一個形象，雖然部分很多，如果成雙出現，又左右對稱，就有美感。一個簡單的遊戲可以證明，你在一張紙的一邊亂塗一些顏色，毫無美感可言，若自中間折起，把顏色印在另一邊，打開時會發現一個完全不同的形狀，有時令你驚訝，這就是對稱的美感。對稱美也是從自然界發現的。比例則是和諧與對稱的基礎，所以仍然沒有排除比例在美感中的主體性。

適當斯為美

可是自蘇格拉底以來，就感到純粹的比例美不一定產生美感的反應。他們發現了「適當」的觀念。也就是「合目的性」的條件。這個觀念用今天的話來說就是「功能」

（Function），因此他們把比例的美與功能的美並列起來，認爲是兩種不同的美。兩者必須合起來才會完美。

什麼是「適當」？就是合用。比如一把椅子，外表很好看，坐起來卻使人腰酸背痛，它的美在你的眼裡就打了折扣。後現代主義的一些設計師的作品就是如此，因爲他們不在乎美感。現代人有了功能主義的觀念，適當美的意義就更清楚了。功能主義者也把美感歸之於自然，因此適當美可以堂而皇之的與比例美相提並論。然而在古代，只是偶而有人提出的一種看法而已。

近人的功能主義者，認爲合乎功能的才美。功能固然也可以解釋爲功用，但最好的例子仍然在自然界。比如我們看到花葉茂盛的植物，自然產生美感，如果這植物上的葉子是反面向上的，就無法激起美感。因爲葉子正面的功能要吸收陽光，是植物生機的來源。背面向上無法達到葉子的功能。我們看到的自然界的美十之九是因爲合乎生命功能而產生的。

所以功能主義的美感可以是理性的古典美，也可以是感性的浪漫美，因爲自然中有理性的成分，也有感性的成分。一方面，自然中處處可以看到數字的秩序，看到比例的存在，另方面，自然中處處是生命的脈動，看到氣韻的存在。這就是功能主義到後期發展為有機主義的原因。這一思潮主要發生在美國。

談到這裡我不能不提一句，在這條「美」的途徑上，建築一直是站在主流的。這是因為自古典以來，建築就是藝術的龍頭，同時，建築是抽象的，與音樂同樣是信守比例原則的。當一個新時代來臨，新美學觀出現的時候，也常常與建築理論家有關。在古羅馬時代有一位威特羅維亞斯寫了一本《建築十書》，支持比例美的理論，其影響及於繪畫與雕刻。到了文藝復興時期，又有一位建築師阿柏提，再度肯定以比例與和諧為美的古說，成為以後學院藝術的理論基礎，繪畫與雕刻也都遵循同一原則。前面所說的功能主義與有機主義，其實都是在建築理論上建立起來的。

對純粹的比例美除了補充之外，尚有完全反對的聲音。到了中世紀，也許由於文化趨向於內省之故，開始認為美並不是客觀的存在，而是主觀的感受。其實這種想法在古希臘時也已產生了。當時就有人覺察到，事物是否為美，應該視人的感覺而定。他們認爲人類的感官爲主體，外物是眞是幻，是實是僞，都不重要。這種觀念幾乎已經與今天最前衛的看法接近了，但沒有能成爲主流觀念，主要是因爲時代尙不成熟，尤其是因爲他們尙未抓住人與人間感受的差異。他們心目中的人是一致的，因此他們的觀察只能爲比例美的理論做了修正，未能產生相對的美學理論。

主觀感受的說法對於比例美的修正是這樣的：比例美也許存在，但人的眼睛所看到形象是否爲美才重要。比例再美，如果無法爲人的眼睛所掌握，還是沒有用的。舉例說，一座建築的正面的比例很美，那是在圖

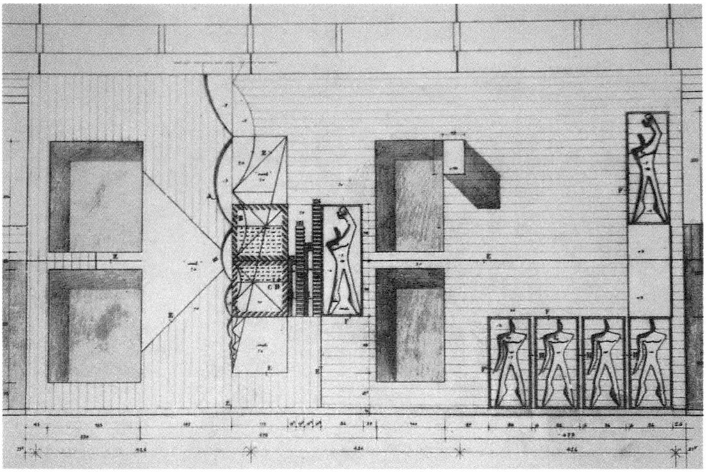

柯比意（Le Corbusier）的黃金尺。

上看到的，如果你站在建築的門前台階上，還能看到建築的美嗎？只看到眼前的地面而已。所以建築的美一定要在適當的距離處觀看，才能欣賞得到。即使在最適當的位置，若建築太寬、太高，還是沒法像看圖一樣欣賞到。這時候，由於眼睛的包容力的限制，

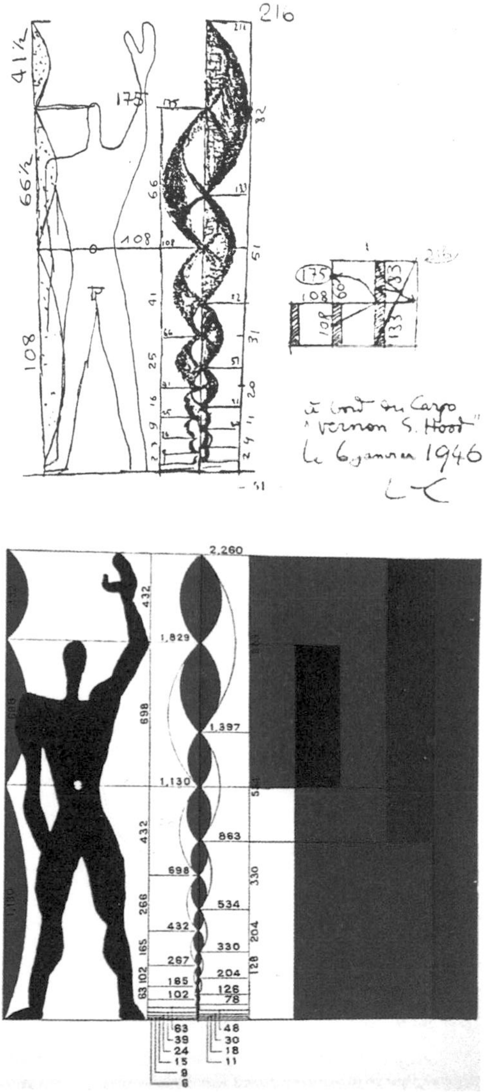

柯比意（Le Corbusier）的黃金尺。
©F.L.C/Adagp,Paris 2004

反而出現畸形。比如我們爲建築拍照片，常發現柱子上面是向內斜的。要使我們看到鏡頭中，柱子是垂直的，需要一種特殊鏡頭來校正幻覺。這是說，眞實會因幻覺而失眞，全是因人的視覺器官而產生的現象。古希臘人懂得這個理論，而且付諸實施。在雅典最重要的神廟，紀元前五世紀建造的巴特農，就使用了使現代人都感到驚訝的視覺調整設計。這是過去西洋建築史課都會詳細講解的故事，巴特農神廟在表面上看起來是比例相當優美的，由列柱組成的建築。但考古學家認眞的測量，發現這座廟之所以如此美觀，是因爲它的水平線沒有一條直線，而是中央微凸的曲線，它的主柱近邊時亦略略傾斜。據學者的研究，這些細微的手法，正是要達到視覺完美的效果，顯現出比例之美。所以學者們把這種技巧稱之爲精鍊術（refinement），也就是使形式趨於完美的技術。有人說只有古希臘人才做得到，今天已沒有這種技術了。

視覺的修正

在我看來，以比例美爲基礎的美感理論，經過合目的性的修正，再加上視覺的修正，已經很完備了。視覺與美的關係到了後世也有很多補充。現代人對視覺生理有了認識，曾對美感加以說明。比如比例美中被認爲非常完美的黃金比（Golden Section），爲什麼會使我們產生同感呢？以視覺生理來說，是因爲我們有兩隻眼睛，水平排列，當我們抬頭平視的時候，兩隻眼睛最舒服的自然的視界，正在黃金比的長方形之內。所以黃金比不僅是費邦尼基數的終極結果，也是視覺修正的結果。照這種說法，如果我們把黃金比的長方形直起來放，就失掉了完美的感覺。

到了二十世紀，現代建築與藝術創生的時期，建築界在美感的研究上大有斬獲，思想界反而把美感的客觀性否定了。這就是設計之學與藝術之學分家的原因。設計界仍然認爲美感是一種經驗的眞實，因此試圖尋求其原理，以補充古典美學的不足。他們繼承了科學與美學不分的傳統來了解美感的意義，使得古代所討論的問題，有了新的觀點。

現代建築的大師，柯比意先生，是比例美的篤信者。他有一個本事。凡他過目覺得美的建築，實測一下，必然近乎黃金比。因此他根據人體的各部分，找出比例關係，畫了一個人體的量度，並做了一把尺，如同費邦尼基數一樣，自小到大，用以決定設計的比例，在他看來，只要所設計的物體各部分的尺寸都以這把尺來度量，就必然美觀。他也用來畫畫。

這位先生也許有點極端，約在同時，現代設計的發源地，包浩斯，開始以科學的態度研究美感，而奠定了抽象藝術的基礎。這些藝術家以視覺心理的觀念來看形象，觀察線條的動感，造就了克雷與康定斯基在抽象藝術上的不朽地位。設計與藝術幾乎可以再度結合。可惜現代主義的精神敵不過現代社會的主觀主義的潮流，終於使藝術走向表現主義以後的路線。

即使如此，以視覺心理學與視覺語言為主體的美學，在設計界繼續發展，並成為設計界的理論骨幹。這些新發展不過是以學術的精神來了解客觀主義美學的內涵。以理性強化了設計工作者的感性，對於設計界，美是客觀的。在設計家的心裡很明白，視覺美與音樂的旋律一樣，是世界語言。我們說愛美是人類的天性，就等於說人類對於美有共識，有共感。教育只是把這潛在的能力開發出來而已。

只有直接的設計課程，才能普遍的教育年輕人的眼睛認識比例與節奏的美，認識線條的表現力。我曾看過少數人不學而能判斷美醜，也見過少數人雖教而仍不能，但對一般人而言，設計課中的審美教育可以使他們張開眼睛，認識美的世界。

輯三

美感不是美學

美與感官

美的感受林林總總，說也說不清楚，所以美之論者就根據自己不同的經驗來界定美的眞義，其實都是正確的，只是當討論到美與善的相關性的時候，才會出現何者才是眞美的議論。我們知道明朝末年有一位金聖嘆，是很懂得生活的人，他追求快感，並發表出來，與讀者分享，道學先生不以爲然，卻爲林語堂先生所頌讚。快感是物質主義的美感，是美感的一種。反對快感，或否定快感是美感的人，大多是主張物質與精神兩元論的人。這種論者總認爲物質是低下的，精神是高尚的，涉及肉體的就俗，超乎肉體的就雅。可是主張物質與精神合一的人，卻認爲快感與美感並無不同。

在第二類論者看來，使身體感到舒暢是有精神意義的。一個飽受便秘之苦的人，痛快的通便會使全身感到舒暢，精神爲之一振，世界也變得美妙起來，因此通便的快感與視覺的美感是連貫的。金聖嘆曾舉一個例子，悶熱的夏天，全身汗濕，揮扇也驅除不了令人窒息的暑氣。此時忽然來了一陣大雨，瞬間暑氣全消，身心為之一爽。是最能說明物質、精神一貫的例子。這時候，雨景的美感與身體的快感是很難分辨的。古代的文人，凡瀟灑成性，受道家飄逸思想影響，無意於廟堂者，常常持有心物不分的理念，同時追求身體的快感與心靈的美感。這一點與今人的美感觀念相近，容我日後專文討論。

在本文中，我要談的是美感與感官的關係。

了解美從了解感官開始

既然美感有一個感字，表示美是自感覺中得來，凡感覺必通過感官。所以了解美，先從感官了解起是很合理的。其實我們的身體的各部分都有感覺，因其功能，有些感覺很敏銳，有些感覺很遲鈍。在國立自然科學博物館的「我們的身體」的展示裡，有一個小模型，是按照人體各部分的敏感度製作的。凡敏感處就誇張一些，不敏感處就按原比例，所以手比腳要大很多，舌頭與嘴唇要比上額大，陰莖也很誇張。凡是敏感的器官都可以產生快感，可是它們可不可能產生美感呢？

照物質、精神一元論的看法，感官接受刺激所產生的舒暢的感覺，屬於快感或美感，完全看此感官在生命中所扮演的角色而定。凡直接與延續生命有關的，就以快感為主，美感為次。並不一定與生存相關的，美感的成分就提高。與生存的相關性越低，美感相關性的序次就越高。

舉例來說，味覺與飲食有關。味覺相關的器官是要我們可以辨別食物的味道，香甜可口的才利於生存。可是在解決生存問題之外，味覺感官還要為我們辨別一些純為我們精神愉快的感覺。比如我們要在食物中加香料、加辣椒；我們要喝咖啡、飲酒。因此味覺就涉及美感。相對於胃來說，胃只能有飢餓的感覺，就完全與生存有關。又如手指是觸覺的感官，可以辨別冷暖、軟硬等。但是手指與生存直接有關的是把握的功能，觸覺只占微不足道的一部分。因此手的觸覺為覺察質感的工具，就與美感較近，與快感較遠了。

在人類的感官中，聽覺與視覺是比較特別的。這兩種感覺不需要接觸外物就可以發生，自生存的條件來說，是屬於環境情勢的辨別。只有當緊急情況時，視、聽的功能才與生存有關。在人生的大部分時間中，視覺與聽覺都無關於生命的存續，因此產生快感的機會少，產生美感的機會多。兩者加以比較，視覺的功能以搜索生存的必需品爲主，所以快感的成分要高過聽覺甚多。對人類而言，聽覺只能接受危險的警告與善意的招喚，可能是最與生存無關的感覺了。

科博館中的小模型：人體感官的敏感度，按人體各部分敏感度的高低依比例製作的。（周文豪／攝）

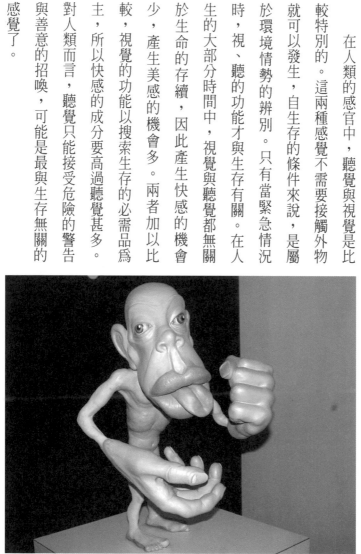

如上面的簡單說明，人體的四大感覺，大體說來，依其與生存相關的程度排列起來，依序爲味覺（含嗅覺）、觸覺、視覺、聽覺。也就是說，聽覺的器官極少使用在生命的存續上，大多是閒置的。因此我們自聽覺得到的舒暢感，應該多屬美感。視覺的能力使用在求生存上者也不多，因此自視覺得到的舒暢感，美感多過快感。這兩種感覺不需要接觸肉體，就被視爲高級的感官。觸覺與味覺均介乎快感、美感之間，直接與肉體接觸才能發生，可視爲次級感官。至於四大感官之外的體感，胃、肛門、生殖器等感覺是純物質性的，就幾乎完全談不到美感了。這類器官可視爲低級感官。

感官的差等到了文明社會，基本生存的環境問題已不存在的時候，就變得特別顯著。聽覺與視覺的美感需求，產生了藝術的概念。而最早被精神化的是聽覺的美感，那就是音樂。

聽覺的美感：音樂的抽象之美

音樂的美是韻律之美，美的聲音是人類的共同語言，在古希臘的畢達哥拉斯，於紀元前五百年以前就發現了和諧的樂音與數學的關係。一根拉緊的絃所發出的音，與這根絃分成整數的等分發出的絃是和諧的關係。他的發現最早把音樂的美推到宗教的地位。誠然，音樂的美，在中國的古琴上就表現出來了，時間與古希臘約略相當。和諧的音韻之美感完全是精神的，與肉體的快感無涉。古人把禮、樂並稱，因為兩者有同等的促進人間和諧的功能。

在亞里斯多德的古希臘，把音樂視為嚴肅而高尚的理性的享受。他把音樂的力量自消遣與娛樂向上提升到德性的陶冶，就把音韻的美與行為的善相統合。這一點東方與西方的哲人在觀點上非常一致。而亞里斯多德認為音樂是自由而高貴的，父母應該用音樂來培養他們的子女，用以度過閒暇。在觀念上，西方人視音樂為藝術，超過了中國人的音樂從屬於禮儀的傳統。

自此而後，音樂在藝術上的領導地位一直保持不墜。近世的思想家無不尊重它的抽象與超乎肉體的美感。雖然中國古代就擔心「鄭聲」會腐化人心，我懷疑眞正會影響人心的音樂，必然是配合了舞蹈或語言的粗俗音樂，而非純正的樂音。到了唐代，白居易曾做過一首詩，慨嘆古琴爲箏所替代，世道人心不古。古琴的樂音低沉平和，需要欣賞者靜心、用心的聽，並不能發揮音韻的力量，積極、主動的感動人心。古箏的絃較多，聲音較清脆悅耳，且可彈出各種音韻，富於變化，是一種比較進步的樂器。除非配合視覺的表演，箏音並沒有使人墮落的條件。白居易之嘆是一切保守主義者的立場，不足爲怪，但也不足取信。大陸淪陷前的上海，被指控的「靡靡之音」，不是抽象的器樂，而是有語言挑逗性的流行歌唱。那不是純粹的音樂。

音樂是高級的藝術乃因其爲抽象之美。所以視覺藝術中，建築受到重視超過了雕刻與繪畫。因爲建築之美同樣是理性的享受。

視覺的美感：繪畫的精神化

美術，也就是視覺藝術，到希臘化時代才開始受到重視。希臘的雕刻雖然非常精美，但還是受到懷疑，認爲與柏拉圖所說的「理想的形式」距離太遠。直到文藝復興時期的阿伯提才把繪畫與雕刻提昇到人文學的地位。因爲美術作品的美感到此時與科學發生了直接的關係，幾何學一方面帶來透視空間的美感，一方面連結了音樂與建築的和諧美，使繪畫呈現超乎肉體的抽象之美。繪畫的美感就精神化了。

在中國，繪畫開始得很早，但正式成爲一種藝術則始於六朝。中國從來沒有想用繪畫來

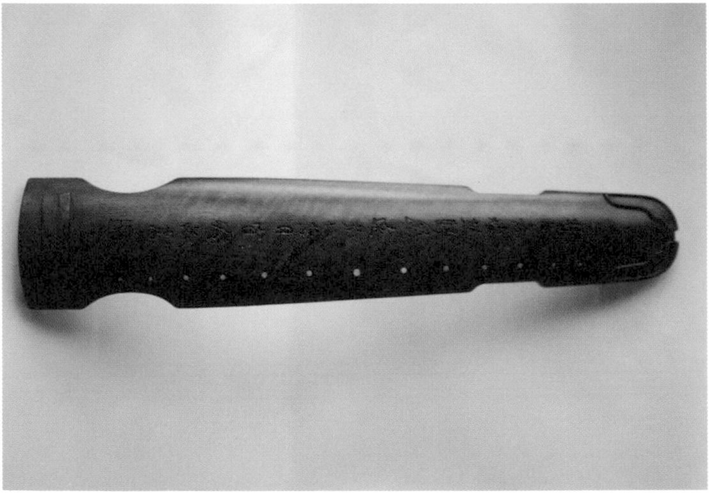

古琴：樂音和諧是聽覺美的要件（圖為古琴形之臂擱）。

再現人類的影象，因此從來就無涉於物質的慾望。畫人物只是一個概念，目的在強化道德的力量與國家的地位。所以到了後來，爲了純粹的視覺美感所畫的人物，也是面目模糊，只能從衣物上看出其身分地位而已。中國人物畫中衣物的表現比面目的表現重要，就是這個原因。衣既不露體，就近似歐洲中世紀的人物，是完全精神化的。

至於六朝始興的山水畫，成爲後世中國畫的主流，更是文人思想的直接呈現，我國的藝術是以書畫爲正宗，元代之後，其美感實在近乎西洋的抽象藝術，與物質的世界幾乎是毫無相干的。但是西洋人，自文藝復興的後期開始，寫實的技術掌握得逐漸純熟，如果畫家有低落的意念，繪畫是可以產生誘惑力的。到了十九世紀末，西洋的繪畫才超越了寫實技巧，把外物逐漸抽象化，直到廿世紀的抽象藝術來臨爲止，才完全脫離了感官的束縛。一旦進入抽象的境界，即使物質的慾念也只能以純粹的美感呈現出來。畫中的美女的形體消失，不再具有誘惑力。

感官的需要產生了音樂與美術

我不憚其煩的說明音樂與美術在純粹美感上的重要性，目的在強調我們的聽覺與視覺具有比較強的接納美感的能力，最容易與物慾的快感劃清界限。我持有的觀點是感官的功能才是重要的，呈現美感的形式並不重要，所以音樂與美術只是聽覺與視覺所接納的美感形式之一種，並不是全部。音樂與美術的產生是因爲我們的感官之需要，而不是有了藝術才有審美的能力。以音樂來說，人類的聽覺喜歡接受和諧的聲音，而最早的和聲乃來自大自然，就是所謂天籟。春天的鳥鳴，秋天的蟲聲，林中的松濤，海邊的波濤，都能使我們身心感到愉快，並不一定要音樂。同樣的道理，人類的視覺喜歡看到悅目的形色，而最容易令人產生愉快感覺的景物也都是來自大自然。不用說萬紫千紅的鮮花了，即使是晚霞與夕陽，青山與綠水，對視覺的滿足有時遠勝過藝術的呈現。這就是柏拉圖以來，把藝術當成自然的模仿，因此低視視覺藝術的原因。美術之產生是因爲人類在自然界感受到美，才希望把這種使我們愉悅的景物永遠停留在我們眼前。在表現主義的觀念被接受之前，把寫實的藝術看爲模仿自然在本質上是不錯的。

視覺由於其神經的能量甚強，所以在文明發展的高峰期，會逐漸取代音樂，成爲代表性感官。視神經可以接受到的美感即使在人造的環境中也遠超過純美術的範圍。這就是生活的藝術之重要性逐漸超越了純美術的原因。在現代生活中，韻律在我們四周的東西太多了，可說舉目皆是，它們如果都能配合著視覺的需要，散發出美感，這個世界就可愛得多了。

在聽覺、視覺之外的感覺，除了能量微弱的嗅覺可以在較遠的距離仍能辨別之外，其他的感覺必須要接觸才有所覺。以味覺來說，不嚐就無法辨別是否可激發美感，美酒必須飲用才可體會其美質，所以大體上說，必須擁有，才能享受到其美感。這是其本質上屬於物質主義的主要原因。爲了享受味覺與觸覺的美，就不免與飲食男女所產生的快感糾纏不清，因而必須有強大的財力爲後盾。爲追求財富，美感反而成爲罪惡的動機，就與善字脫節，爲聖人所不齒了。

你可以在牆外聽到樂音而繞樑三日，你可以買一張票進入美術館欣賞千古名畫，可以免費欣賞市街建築之美，然而沒有錢，你可以嚐到名廚、名酒的味道嗎？

品味與美感

近年來，由於台灣的富裕生活逐漸穩定，大家開始常常使用「品味」來描述一個人的優美格調。然而「品味」是很有爭議的用語。

品味是外文Taste的翻譯，它的意義是耐人尋味的。用它來描述人格，是以美感為核心概念，但絕不只是美感，也包含品格在內。這個字在十八世紀歐洲貴族心目中屬於全人的描述，今天流行的所謂全人教育，實際就是當年貴族的生活教育。

這個字最早使用的時候，是指在物質生活上考究，而且與時尚有關。中世紀的歐洲，生活一切是粗糙的。大口喝酒，大塊吃肉，即使是貴族也粗陋不堪。因為當時的貴族與土匪無異。經過十六、七世紀的馴化，他們才開始學著過優雅的生活，也就是學著如何吃、如何穿了。

怎麼才是優雅呢？當時並沒有這樣的觀念，應該是自整齊、清潔、美觀的要求開始的。這與中世紀的騎士精神中尊重女性的實踐有關。騎士在戰場上爭勝要有精神的支柱，那就是贏得他所心儀的女性的歡心。而女士們開始裝扮自己，注意舉止言行，以塑造在騎士們心目中的形象。要做到這一點，就自衣食居住等的整潔美觀開始，然後發揮女性婉約的特質，打動男士的心。騎士們除了在戰場上爭勝外，在女士面前行動再也不能粗魯，而要應合女士們文雅的舉動，進一步的向女士們表示敬意。

品味與禮的關係

所以品味是從女性開始的。所謂美觀，是指女性之美。女性自身的髮式、衣著要好看，她們走路、跳舞要動人，談話、飲食要文雅。男性配合她們，要有相應合的品味，因此才逐漸產生了一些標準的生活禮儀。餐桌上的禮儀是第一步。吃要有吃相，就是改掉男士們狼吞虎嚥的習性，要有格調，有美姿，使吃的動作可以爲人所欣賞。有了規矩，可以傳授，就形成貴族的象徵。這一點與中國周代開始的禮制，其起源雖不相同，動機是類似的。

由於有了「禮」的觀念，就有該怎麼做不該怎麼做的規矩，因此品味就與品格發生關係了。吃東西狼吞虎嚥，除了吃相難看外，還表示不懂得謙讓、不顧及別人等不好的品性。女性穿著不雅，意思是坦胸露背，舉止輕佻，有誘惑男人發生不軌行爲的意涵。因此有品味的人應該反映高尚的品格，也就是有道德修養的人。品味所表現出來的，不只是我國六朝時期文人雅士所喜歡談的風姿，而且有深度、有內涵。

修養與美感之間

然而這種修養，以及修養的外顯，是通過美來達成的。所以文明民族的藝術，自詩與樂開始。我國古代禮樂並稱就是這個道理。詩以抒情、樂以唱和。不但要懂得欣賞，而且要熟於吟詠，才能把藝術內化爲人格的一部分。自這個觀點看，我國古代士大夫的品味，比起西洋十八世紀貴族的品味要深刻得多了。

我國的這種士大夫修養的功夫，如今只能想像，但是可以約略自流傳到日本的生活文化看出一些端倪。日本近世的武士精神，雖立基於武，但其內修的要求很高，與我國古文人並無二致。我國重文，但文人必須習武；日人重武，但武人必須習文，其意義都是文武合一，塑成高貴的人格。十七世紀以後，日本的武人甚至結合了禪宗的修行之道，把生命與藝術結爲一體。呈現出來的是高貴、悲淒的美感。

這樣去回溯品味的意義，與今天我們所理解的，把品味當做審美的眼光，是大有不同的。今天我們所了解的品味始自十八世紀，歐洲中產階級開始興起之時。宗教革命後，新教徒在本質上是簡樸的、務實的。騎士的浪漫與貴族的舖張都已成爲歷史的故事，如何在現世生活中做一個有尊嚴的紳士，才是知識分子所關心的課題。吟詩作樂等表演性的生活方式已經逝去，視覺藝術在生活中的重要性提高。同時，科學知識與滿足好奇心的知性活動也進入品味的領域。這是歐洲文化的「啓蒙運動」所促成的。

視覺藝術的市場化

雖然貴族以女人為中心，以宮廷表演活動為主軸的品味觀，一直流傳到十九世紀的王侯之家，但中產社會逐漸把生活品味移轉到美的鑑賞。這與視覺藝術的市場化有很大的關係。貴族與新貴族的式微，藝術品與文物的流失是一大原因，中產階級的生活無法自我建構理想的環境是另一原因。中產之家只好在市場上購買藝術品或生活工藝品來滿足自己的精神需要。

因此生活的品味就轉變為鑑賞家的品味了。可是鑑賞的能力不只是審美的眼光，「鑑」有鑑別的意思，是需要相當的知識與經驗的。在市場上購買，必須有足夠的知識，可以判斷眞僞，又可以了解該藝術品的文物價值，這就是「鑑」。同時，藝術品或文物的美質是價格的要素。購買在一方面要滿足自己的美感需要，一方面有能力體會其客觀存在的美感，這就是「賞」。鑑賞家的品味在此情形下，就成為中產階級經營自己的生活所必須具備的能力。

鑑賞家的品味中有沒有品格的成分呢？確有些道德意味。因為真偽之辨固然與市場價格有關，也與求眞的精神有關。鑑賞家固然愛美，但失真的美，在他們的胸中不能產生美感。由於誤判而購入的藝術品，原以為是眞品，珍視寶愛之，呈現出使他感動的美感，然而一旦發現是偽品，就光彩盡失，美感也褪色了。可見美與眞在鑑賞家的心中是不能分割的。因為他感到受欺騙了。

複製品改變了品味的意義

十九世紀中葉以後，工業產品大量化，到廿世紀，攝影與印刷技術的長足發展，使得具有美感的藝術或工藝品成為一般市民可以得到的東西。這是一種公開的複製品，也就是沒有欺騙的，廉價而高美質的仿品。因此改變了品味的意義。在過去，一張名畫幾乎不是一般人所能看到的。這些作品通過中、小學的課本，幾乎是如雷貫耳，無人不知，可是卻無法見到它的眞面目。有了現代印刷術，這些名作可以以不同的尺寸出現在各種印刷物上。印在月曆上曾經是傳播著名藝術品最重要的方法。

到了二十世紀中葉，各種繪畫的複製品以各種形式出現，供新市民階級妝點生活空間之用。我稱他們為新市民，因為他們都是靠薪水過著富裕生活的人。他們都受過相當的教育，都崇尚美的事物，但並沒有能力購買藝術品。因此他們用各種方式營造舒服的生活環境，並不在乎牆上懸掛的是否為複製品。供應這類裝飾品最多的是世上各大美術館的賣店。

至此，鑑賞家的品味轉換為新市民的生活品味。新市民的眼光廣闊，並不像鑑賞家沉溺在某一類藝術的鑑賞上，世上凡是美的事物他都喜歡，都希望能納入自己的生活中，對他們而言，真偽問題並不存在，藝術品與一般飾品一樣，只是充實精神生活的資料而已。

說到這裡，讓我們回頭看看，為什麼「品味」為時人詬病，而引起爭議呢？抱著社會主義立場的朋友們，總認為品味其實只是社會階級的象徵。因此他們不認為品味真有什麼不變的原則，只是因時代的需要而產生的階級的符號。這種說法是徹底否定品味的價值。不但否定，甚至是貶斥，認係應及早丟棄的垃圾。

品味不只是階段，還有其文化意義

表面上看來好像是如此，品味是產生於貴族。他們爲了表示高人一等，又有壓搾得來的財力來舖張，才弄出這套規則來作爲階級象徵。但這是外國人的看法，因爲西洋的歷史並沒有重視品味的文化意義。如果他是中國人，就知道我們在前文中所提到的周公、孔子制禮作樂的深刻意義。當然，中、外相同的是，他們都是貴族社會的產物。中國儒家的觀念卻並沒有限於貴族，是可以推而爲全民的生活準則的。因爲他的動機在於人格的修養，而不是階級的炫耀。何況中國自東周以來，階級之間的流動就開始了，界線就模糊了。繁文褥節固然時受批評，但形式上可以簡化，在精神上人文色彩始終沒有減退。這種意義在西洋雖然未被視爲文化的核心價值，在實踐上是沒有多少分別的。

換句話說，品味確實有表面的階級分辨的意思，但也有其提升精神生活品質的價值。就後者而言，是文明社會中人人都需要接受的。現代社會由於財富逐漸均勻分配，人人都不虞物質的匱乏。古人說，「衣食足而知榮辱」，物質生活滿足之後，精神生活就成爲眾人關注的問題，由於民主政治發達，階級逐漸泯除，首先是建立個人的自尊。因此，人文主義思想中的全人價值應該成爲高度的價值。而品味可以視爲全人教育中重要的一環。美感教育在這一觀念中才顯現其必要性，因爲美是品味的

日本室內的空間品味。

核心。

隨時代變遷的品味標的

過去對品味的批評，一方面是站在階級的立場，另一方面則是誤以為品味有既定的標的。

舉例來說，自貴族時代，到資產階級，對於生活器物的愛好都有一個特點，那就是精緻的手工。因此他們品賞的東西大多呈現繁飾的美感。比如他們喜歡的瓷器，不但質地光亮無缺，上面的裝飾亦精細巧妙，非常人所能。那是因為他們用金錢與權力役使了一群良工巧匠，專為他們服務，才能使他們享受到這樣好的美器。因此有社會主義傾向的評論家，把精巧的器物美視為階級的象徵，很容易忽略精巧的美感是創生於工匠這一事實。精緻美是權勢的象徵，但卻是發之於人類愛美的本能。

當經濟情況改變，貴族與資本家逐漸消失後，繁飾又精巧的器物美就不再是品味的標的。中產階級的簡單、實用的美感就出現了。到二十世紀初，西方甚至產生了「裝飾就是罪惡」的觀念。自此而後，有品味的人卻是指能品賞簡潔的現代感的一群。到二十世紀中葉，抽象藝術已經成爲品味的表徵，可是一直到現在，仍然很少人能接受抽象藝術的美。

品味與精神生活有關

經濟並不是唯一的條件，在東方的日本封建時代，武士所組成的貴族一直支配著社會的資源，他們擁有良工巧匠是沒有問題的。可是在十七世紀所發展成熟的生活藝術，不論是花道或茶道，所使用的器物卻不重視繁飾與精緻的美。他們所喜歡的是陶的自然情趣、土的感覺、火的精神與釉的自然流動。要欣賞這樣的器物，需要很高尚的品味。直到今天，日本人還特別偏愛釉陶燒製的器物，對古代民間的日用的陶罐視爲至寶。這樣的美感是特別需要高度精神化的細緻品味教養的，無法用階級的說法一筆抹殺。

丟開意識型態的包袱，社會接受品味爲人格的要素，而把品味的核心，即對美的品賞，視爲豐富精神生活所必備的修養，美感融而爲一所達到的境界。

合目的性之美

我在前文中曾經提到，美在西方的理論中其主體是比例。照說應在此向讀者詳細介紹比例美的意涵。可是在近二十年前曾爲《明道文藝》寫一建築專欄，其中一篇即詳談比例之美，這篇文章收在集子《爲建築看相》裡，此處不宜再贅。有興趣的讀者可去翻翻看。

但是我要說明，我雖在討論建築美時介紹了比例，並不表示只有建築才談比例。誠然，建築美學在西方藝術中占有重要地位，自古希臘時代就開始了，但比例是普遍的原則，音樂與視覺藝術的審美基準都在上面立基。只是因爲古希臘與羅馬的建築造型實在很簡單，無非是橫杜與立柱，除了比例之外好像沒有多少可以談的。其實每一種視覺藝術品，包括日常用品的瓶瓶罐罐，以及較複雜的人像雕刻與繪畫，無不需要合乎比例美的原則。工藝美術造型比較簡單，也比較容易依賴比例之美。對於雕刻與繪畫，一般人就不能相信比例美居於那麼重要的地位了。這也難怪，有時候連美學家也會忽視視覺藝術構圖的重要性。

當然，對於一般藝術的愛好者，很容易否決比例的重要性，因爲他們常會以內容勝過形式來爭辯。內容與形式孰重，容我們以後再詳細討論，可是我必須承認，比例是美的骨架，內容也絕不能忽視。這就是一位比例十分恰當的女性，未必啓發美感的原因。在這裡我願意與讀者們討論有關內容的極爲重要的一部分，也就是「合目的性」，在建築上又稱爲功能。

美除了外表，還有功能的考量

這個觀念早在蘇格拉底時代就產生了。古希臘人討論美學，覺得只是比例優美是不夠的，應該另有客觀的因素，他們發現凡物都有一種功用，如果功用不合，其外表再美，也無法感受其美。因此他們把合用視爲一個重要條件，稱之爲適當或稱爲合目的性，以便概括一切情況。讓我爲讀者略加解說。

以我們常用的椅子來說吧，一把椅子坐起來安全舒適的，看上去就有美感。中國古代的坐椅以明代黃花梨的圈椅最有名，固然因爲其肌理與色彩甚爲悅目，比例優美，最重要的是其架構的安全與舒適。我這樣說要使大家明白必須大費口舌，讓我舉反面的例子來說明。如果你看到三條腿的椅子，會不會感到美呢？由於只有三條腿，這只座椅是不安全的，因此即使它合乎形式美的原則，一般人都會感到不安而忽略其美。除了特殊的情況（如放置在屋之一角），誰會設計一只三條腿的座椅呢？

因此對一物的功能有所理解，可以有助於體會它的美感。一把椅子四條腿是足夠的，爲什麼現代辦公室裡高級的座椅卻有五條腿呢？如果你知道現代在辦公室上班的人是整天坐著忙碌的工作，他要在電話、電腦、公文、檔案之間迅速移動，既省力又省時，就必須坐著移動身體。因此他的辦公椅腳下要有輪子，可以像滑板一樣任意移動到新的位置。這樣的椅子如果只有四只腿不但不夠靈活，而且不安全。明白這一點，你的

仰韶尖底壺：理性的美感（圖為廟底溝類型勾葉紋雙耳尖底瓶）
（鄧成清／攝）

身體就會不知不覺的模擬這樣的動作，像試坐一樣，你不但欣賞第五條腿，而且覺得這類椅子椅背有彈性也算不上奢侈了。反過來看明代的高背椅，才明白古人正襟危坐的文化與當時的美感觀念是息息相關的。

發現器物之美

在中國的仰韶文化發掘中，出現一種很好看的紅色的陶壺，小口、瘦身、尖底，像辣椒一樣。開始在古物市場上看到，雖覺得好看，卻蒙著一層紗一樣不明其所以然，無法產生心胸舒暢的美感。後來參考較早的西亞文明，知道他們也有同類的器物，尖底原是為了插在沙地上的。知道這一點，它就可以站起來，使我感受到它的尊嚴，開始感受到眞正的美。又後來，在科學史的文獻中讀到，這樣的陶壺，由於兩邊的繫孔的位置，投入井中打水，會自然傾倒灌水，滿到某一高度又自動復正。明白了這一點，再看這種尖底壺，簡直美不可言了。比例的美，忽然散發出理性的光輝。

這樣的例子在生活中常見，只是未受過美感教育的朋友們視而不見。凡物都有存在的道理，是由於這些道理才有物的存在。有了物，人類才想到使它美化。因爲美本是人的天性，所以在造物時就自然的把美的素質加進去了。所以我們今天看古文明的器物，都感到濃厚的美質，至於其存在的道理，則需要加以揣摩。可是素樸的古文明，是很自然的把形式之美與合目的之美揉在一起的。

良弓不雕

文明發展到某一程度，卻有兩者分離的情形。也就是爲了求美而忽視「合目的性」的現象出現在文明社會中，如超過了某一限度，就產生病態。我國古人曾有「良弓不雕」的話，就是因爲一個文明愛美過分，會出現因美害事的現象。一把很好的弓，爲了美觀加以刻飾，結果卻削減了弓的斷面，拉弓用力時容易斷掉。這時候有識之士就會大力呼籲要注意實際，不用重視外表。甚至對於女性的美與女性的德也兩分了。

一個健康的文明是明白美與德要兩全的。以中國古代的建築來說吧，是很喜歡裝飾的，我們常說「雕樑畫棟」，「棟」字是字典上所說的正樑，是結構上主要吃力的部材，所以只能畫，不能雕。樑是一般的橫向材料，也有結構的作用，照說也是不能雕的。據我所知，中國古建築上從來沒有雕過樑。台灣的古建築上確實有些雕飾，但那都是無關結構安全的部材，而與安全有關的材料都是畫的。因為畫用漆，可以保護木材，美觀且有正面的價值。如果眼前有一房屋，柱樑都鏤空雕成，你隨時有不安全的感覺，對雕刻還會抱持有美感欣賞嗎？

亞氏將形式看做事物的本質

把形式美與功能美分開看，是古典時代的說法。到了自然主義思想盛行的時候，看法就不同了。其實早在古希臘，亞里斯多德的思想中就把形式看做事物的本質。他說的形式很抽象，有點像生命及生命的現象。比如我們談到荷花時，立刻在腦海中就浮現出荷花的形式。可是我們大家的腦海裡都出現了荷花的樣子，卻沒有兩個人腦中的荷花是相同的。這種不能指出固定的樣式，大家卻都識得的荷花，就是荷花的「形式」，因此這個形式指的是荷花所特有的生命現象。它的花、葉、藕等的本性。

亞氏原是談哲學，並沒有談美，可是這種觀念到了中世紀就用到美學上了。當時的思想家沒有提到生命，但他們認爲美就是形式。這就等於說，凡有獨特生命本質的東西都是美的。我用本性兩字，是因爲「本質的形式」在今天看來就是生命的本性。荷花有荷花的本性，菊花有菊花的本性，蘭花有蘭花的本性，它們都有「形式」，因此也都是美的。在這樣的邏輯之下，大自然的所有產物就無不爲美了。

適者生存與有機的美感

這怎麼說呢？大自然既然創造了這些東西，都給了它們生命，都賦予它們本性，它們就必然是合乎生存的條件的產物。它們所呈現出來的樣貌，也都是合目的性的，因爲

康熙筆筒：合理的曲線。

生命的目的就是生存。這個道理，自達爾文以來都已經說明白了。「適者生存」的這個「適」字，就是適當，就是合乎目的。爲什麼花木的葉子斷折下垂無法產生美感？因爲葉子要向上挺，葉面也要向上以迎接陽光，才能產生光合作用，維持強壯的生命。如果一種植物在森林中，不能適應生態環境，見不到足夠的陽光，它就要被淘汰，這樣的生物是談不上美的。

這種自然主義的思想最重要的特點就是把形式與功能合而爲一，形成有機的美感，也可以說是有深度的美感。在建築上，上世紀初，就有美國名家萊特提出有機的觀念。他把建築當生物看待，就是先找到合目的性精神所在。奇怪的是，廿世紀這種立基於自然的有機思想沒有發生在歐洲。也許因爲有機的美感多少有些神秘，不對歐洲理性主義的胃口吧！

這樣的美感其實是從經驗中來的。貓與狗是完全不同的東西，貓有貓的美，狗有狗的美。雞與鴨也是一樣。我們常對一件令人不愉快的物件，批評爲「牛頭不對馬嘴」，就是強調不合目的性的組合是錯誤的，也是醜陋的。可是把這個經驗轉變成觀念就很玄。

設計哲學需從事物的本然出發

在現代藝術中，常常誇張荒謬，以表達藝術家的理念。可是在美的世界裡，順乎物之本性，也就是順乎自然，才是眞美，本性就是自然（nature）。

上世紀美國有一位大建築師路易士．康，他的設計哲學就是從本性的觀念發展出來的。所以他設計任何建築，先從這類建築的本性開始思考。在他的思想中最有名的例子是追溯了學校的本然。思考的開始，他會先問什麼是學校？他追溯到古老的時代，一位長者在樹下對一群孩子傳述他的人生智慧。這是學校的目的，也是學校的最終形式。我每次想到他對學校本然的解釋，在我的眼前就呈現出一群活潑可愛的孩子，一位諄諄善誘的老師。建築是開放的，沒有壓力的，如同一棵棵的樹，在草原上舒展的伸出可以遮蔭的枝葉。孩子們聽完了長者的話，就在林間奔跑、遊戲，甚至大聲喧鬧。

很可惜，設計學校建築的人很少這樣想。他們想到的是高樓大廈，特別是富有的城市裡的學校，因爲經費充裕，都被設計成政府機關一樣的樓房。這幾年，全國各地的國民學校的經費過多，都建得富麗堂皇，中、小學校舍都與大學無異了。看了這些巍峨的大廈，一點也沒法想到孩子的笑聲。不只是城裡的學校，連因九二一受災學校的再建，也因爲經費充裕而建成學院了。這些學校在外觀上也許符合美的原則，但卻無法予人以心頭舒暢的美感。因爲中、小學與大學的本然是不相同的，它們之間的目的大有差異。

合用可在無形中增添美感

學校校園也許太大了，不易使讀者朋友們了解形式與功用合一的美感。在我桌上有一只筆筒，是清朝康熙年間的青花瓷，形狀簡單美觀。筆筒原來只是一個筒，把用過的毛筆插在裡面，其功用是單純的。可是我這只筆筒的筒壁卻不是直的，而是一條優美的曲線，在器形上稱爲侈口撇足、口向外張，底部也略向外展開，腰則較細。有了這個曲線，令人感到一種心情舒暢的美。也許你認爲這是一條曲線所帶來的美感。其實不盡如此。實在是因爲以筆筒的功用來說，筆是不會直立在筒中的，插一把筆在內，必然向四邊傾倒，筆筒的本然就是一個喇叭口形。所以數百年前的這些匠師，除了在壁上細心畫了一幅山水之外，更不自覺的把筆筒之形，也就是它的輪廓線，按照這器物的存在的邏輯，做成一個略帶喇叭口的樣子。今天我們看了只覺得其美，卻常忽視這是曲線本身的美感與其功能的美感融而爲一所達到的境界。

美感不是美學

美感，這麼單純的問題，爲什麼在教育上遇到那麼多挫折，甚至完全被打入冷宮呢？我在前文中提到，這是因爲藝術與美感脫離，而藝術又被視爲美感的當然代表的緣故。其實問題的存在尙不只此。美感因其不可捉摸的本質，早爲哲學家思辨的對象，因此才有美學這一學問產生，在學者口中，美遂成爲一種深不可測的東西。把美感與美學混爲一談，一個簡單的感覺問題就陷入複雜的思想遊戲中了。

技藝與美術分家

想當年，藝術就是美術的時候，美感被視爲當然的素質。藝術與美術有何差別？在英文中藝術是Art，美術是Fine art。在現代藝術來臨之前，兩者的分別是很清楚的。Art這個字代表的是技藝，在中古時代，沒有藝術家存在，各行各業都有匠人，他們都是爲生活中需要的器物而從事製作。建造要石匠，製衣要裁縫，衣服上的花樣要染織，日用器物要金匠等。這些匠人服務的對象是貴族，所以會在考慮實用之外，也考慮到美觀。這是技藝與美術分家的開始。因爲日用器物中有些是只可實用的，有些是實用又美觀的。後來甚至演變出不實用卻美觀的東西，就是日後所謂的美術。

傳統美術從技藝基礎上出發

但是在當時美術與技藝是分不開的。在現代藝術來臨之前，美術是精緻的藝術，因此具有三個特質，其一是技藝高超的產物。也就是說，藝術一定是相當成熟的技藝的產物，而美術則需要特別高超的技藝。傳統的藝術家先要花很多的歲月磨練基本功夫，所以行家一出手就知道有沒有本事了。藝術被視爲技藝之巧者的昇華。到今天仍然有前輩的藝術家抱持著這樣的看法，他們不相信美術可以不經過技巧的磨練。

其二是超乎尋常的美觀。傳統的藝術家，以技藝的熟能生巧起家，而巧匠可掌握其妙處，妙就是美。有些匠人雖熟而不能巧，雖巧而不能妙，則一生都不能成家。學院派的美術，其美感是經由教師傳授的，他們常常先懂得欣賞，而技巧尚有不足，就產生一種情況，即眼高手低。在今天，眼高手低的藝術家甚多。但不能掌握美感而徒有技術者，就是匠。今天匠不多了，但在過去，匠爲數甚多，「大」匠卻很少。

只是巧匠，就可創造形式上很美的藝術品，對於藝術評論家來說這是不夠的，眞正的藝術家要能創造啓發詩情或哲思的作品，達到這一步，就是大匠，在今天可以稱爲大師了。這當然是不容易的，在技巧與美感之外還要有深度的心靈素養。

形式的美感與內容的情思，都是傳統美術中美的內涵，也都是自精湛的技藝的基礎上發展出來的。可是現代藝術來臨後，這一切就改變了。

現代藝術重視的是情思而非美的存在

現代以來的藝術，其創作的歷程是相反的。他們最重視的是情思。但是他們並不是哲學家，因此不可能皓首窮經，眞正掌握宇宙或人生的奧秘。他們的情思是從個人的感受中發展出來的。因此藝術就成爲他們個人想像力的發揮與個人對外在事物的闡釋。有了一定的觀點與議題，再設法找到表現的方式。因此他們沒有想到美的存在，覺得技藝與藝術無關。如果他們的作品需要技巧，也是在創造的過程中學習得來。他們認爲美是一種裝飾的品質，與藝術無關。由於丟棄了技巧，即使重視美感，也無從著力了。所以除了形式主義的藝術家之外，現代以來的藝術基本上與美感分家，已經稱不上美術了。到今天，把視覺藝術仍稱爲美術，不但與事實不符，而且有違現代藝術的原理。尤其是後現代以來的前衛藝術，不論在理論上與創作上，都與視覺的愉悅無關。大多都是考驗觀眾想像力的東西。

台灣藝術界待釐清的現象

不幸的是，藝術界似乎無覺於此一矛盾。至今藝術大學體系中有所謂美術學院，有所謂美術系。在博物館系統中有所謂美術館。大陸的藝術教育系統如此稱呼，是因爲他們因襲了俄國的制度，俄國又因襲了法國學院派的制度，在精神上是古典的，傳統的。台灣藝術界早已越過了這個階段，再用「美術」二字是很不適當的。近年來台北市文化局成立了「當代藝術館」，而沒有用美術，是很正確的。

他們不再談美而霸著這個「美」字，對藝術本身沒有多大的影響，對美感教育卻產生了排擠的作用。不論爲學校教育或非正式教育，美育就掩蔽在藝術教育之後，誤以爲藝術教育就是美感教育。

今天的美學，基本上不再談美是另一問題。美學不談美爲什麼稱爲美學呢？因爲美感是一個很不容易捉摸的感覺，不像理性或科學，可以用邏輯來判斷，用實驗來證明。我在過去一年多所談的美，幾乎都是自不同的角度分析美感，我不是美學家，在我的經驗裡已經感受如此複雜的矛盾，在一位美學家的眼裡又如何呢？

美學對美沒有共識

我認爲美學之不談美，而且無助於美育，是因爲美是什麼，大家都沒有共識的緣故。不知什麼是美，如何談美的教育呢？兩個人對美的看法不同，大多不是思辨上的分歧，而是所指的美有所不同，因此在感覺經驗上互異。

美本來並不是複雜的問題，不過是單純的感官愉悅而已。所以當其始，思想家只擔心美感與快感之間的分際，只要考慮視覺與聽覺的愉悅就好了。爲了避免與慾望糾結在一起，才走上形式主義的途徑。因此美感的核心就是形式的美。這是自古典時代到現代，一直把形式美視爲主流的原因。

美感的定義被擴充後意義分歧

可是對於喜歡玩思想遊戲的人，這樣未免太簡單了。他們開始爲美分類。到了科學萌芽的時候，就有人發現有必然之美與偶然之美或相對之美與絕對之美。比如說，有的女孩子大家都認定爲美人，也就是人見人愛，會被鼓勵去從事表演事業。這樣的美可以視爲絕對與必然。可是世上大部分的女孩子並沒有這樣的美貌，但在某些人心中爲美，或者在某些情形之下爲美，也是大家所認知的事實。我們常說「情人眼裡出西施」，我們也常有時感到女性在特定情況下呈現的嫵媚，使人心動。這樣的美可以視爲相對的美或偶然的美。

這樣去分類，事實上是把美的範圍加大了，把美感的定義擴充了。也就是把原本不屬於美的素質稱之爲美了。比如我們常把美分爲外在美與內在美，我們說某人有外在美，是指他或她的美貌。說某人有內在美，是指他或她的修養與風度。後者指的是待人接物的方法，其德性與品味等。在我們公認的價值系統中，並不只有美醜的判斷。德性卻被視爲更高的人格品質。中國過去甚至曾有女子無才便是德的話，認爲只有相貌平庸，又無智識的女性才是最理想的配偶。敦厚、純眞究竟是一種德性呢？還是一種美呢？

我這樣說，是因爲即使是思想家也不免把德性視爲美感。比如我說敦厚之美，純眞之美，大家都不會有異議的，可是對於認眞研究美或美育的人，問題就嚴重了。問題不只如此，因爲把德性與美感分開，只要認眞的思考，就可以有共識。有一類美好的感覺，並不屬於德性，而是一種風格，就不容易分辨了。

北魏鎏金菩薩呈現六朝風姿。

比如在古羅馬時代就有把雄偉視爲美的看法，其實雄偉在當時，是美觀的紀念建築或雕刻的一種屬性，一般人不辨，就以爲雄偉當然爲美。這個觀念，在貧窮的時代一直存在。大部分人都生存在狹隘的空間中，進入爲神佛所建之廟堂，因其龐大而受到感動是很自然的。二十年前我從事建築設計的工作，就發現我國的決策者大多有以宏大爲美的觀念。這一點，在生活富裕之後就有所改善，也可以接受小而美的可能了。

動態之美可被理解

在我國六朝的時代，對於人格有「美風姿」的話。風姿怎麼解釋？不容易有共識。我把它定義爲綜合的動態的美感。綜合的意思是指多方面的內涵，包括語言的抑揚，眉目的表情，衣著的形色，身手的動作等。這些因素加在一起，動作起來，產生一種舞蹈式的連續的姿態，令人產生美感，也許就是風姿之美。風是指飄逸的動態吧！屬於我在前文中所指出的動態之美。女性的風韻就是這一類吧！

由於動態之美，如同舞姿，是可以用連續的形式美來評斷的，所以雖然已超繁複，卻是可以理解的。可是用「風」字來描寫，就不期然的帶有輕靈、優雅的意味，這就涉及另一層面的美感而更加複雜化了。

情性之美較難客觀論定

風字可以用「風情」來說明，因此這種動態之美就涉及情性。情性的美與古典的形式之美已有相當的距離，因此失掉了客觀性，情性之美來自文學與詩歌者為多，它很難用簡單的字眼形容。如果想用形容詞來說明，為數甚多，而且可能互相對立。比如高貴與清秀就是兩個相對立的字眼，前者形容高不可攀的情性，近乎莊重嚴肅，令人崇敬，而後者則描述令人樂於親近的一面，可愛又易於溝通，近乎輕靈、生動。又如華麗之美與樸質之美是完全對立的，不論自字意上，或美的性質上，兩者都是不相容的。而這類在意義上互相對立的形容詞，都可能構成美感，可知美感者有如何不易定義了。意義如

美的同心圓

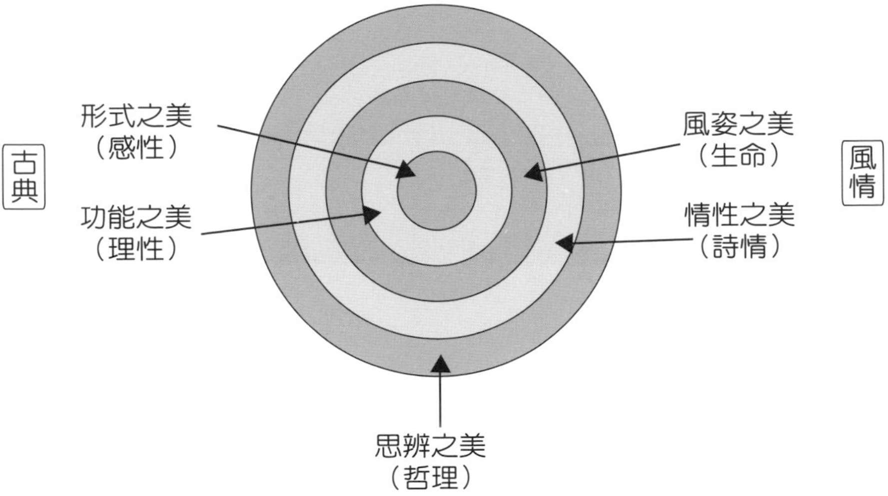
古典
形式之美
（感性）
功能之美
（理性）
風姿之美
（生命）
情性之美
（詩情）
風情
思辨之美
（哲理）

此分歧的美感，又如何找到教育的方向呢？

老實說，如果我們把描述情性的形容詞否定其爲美，也是說不過去的。然而一旦開放，則美的教育就十分困難了。爲了解決這個問題，我使用同心圓的方法來解析美。排除了與欲望糾纏不清的快感之後，同心圓的核心應該是形式之美，也就是抽象的，應和於感官的和諧之美。在此之外，爲功能之美，也就是較具象的，應和於自然的邏輯之美。兩者加起來就是美的感性與理性的本質。這是自古典以來所公認的美的範疇。

在此圈之外爲風姿之美。它是一種動態的形式美，是舞蹈，是比較不易掌握的，結合了心情的抽象美感。此圈之外就是溶入詩情與個性的廣大情性世界，是戲劇與文學的界域。兩者加起來是風情之美，這是無從用語言所界定的，只能通過個人的素養來體會。文化在這裡的角色就十分重要了。風情之美是生命的體驗。

最外圈是理論之美，也就是美學家們討論的美。這裡也許與道德有關，也許與科學有關。談論美的人也許沒有判別美感的能力，而作爲純哲學的課題來思考，這裡面包括了藝術評論家的思想。他們可以把我們完全沒有審美感覺的作品，以理論建構的方式，使我們不得不相信其美感價值。他們的功夫是說服我們的頭腦，但無法說服我們的感受。不同的美學家有不同的說法，如果相信他們談論的美才是美，那就無不可美，而陷於迷障之中了。

今天的美育所面臨的困境，正是美感同心圓邊緣的暴風圈所造成的。

美的判斷才需要距離

有位朋友看到我在〈美，需要距離嗎？〉一文中不贊成先輩美學家的距離說，與我開玩笑說，那是來自康德的美學觀，是不能隨便反對的啊！

我趕快承認對先賢們的美學理論並沒有深究。我談美，除了讀過一些談美的文章外，大多來自我幾十年對美的體驗。有些是親身的感受，有些是思辨的結論。我認為美是一種價值判斷，不自生命中實證得來，憑空口議論是沒有意義的。我恰巧對康德的距離說知道一點，不妨就我的理解與讀者們再談一次距離。談得皮毛，尚請大家原諒。

以我的了解，這位大哲學家是要我們知道價值判斷，特別是對美的判斷，與科學是不同的，科學是客觀理性的產物，對科學現象的判斷是依演繹推理的方式得來，所以是邏輯的過程，如有名的三段論法，無論由誰來演作都可以得到同樣的結論。可是對美的判斷就不同了。先聖先賢並沒有一套邏輯的方法供我們使用。

鑑別美需了解、靜觀

雖然如此，並不能說美的判斷就可漫無邊際，或信口雌黃，完全憑各人的愛好。而是要經過冷靜的沉思加以體會所得的結論。沉思何爲？首先要了解。面對一件藝術作品，先要了解其意義，也就是自知解入手。如同法官審一件案子，先要了解事實經過的來龍去脈。單單了解還不夠；因爲一件藝術品或一件案子，考察的對象不會告訴你全部的眞象。原告被告也許故意不說眞話，也許並沒有掌握實情。一件藝術作品何以會產生，藝術家的心情與作品表現的目的，也許是永遠無法破解的謎。可是法官與鑑賞家一定要得到一個答案，就必須運用想像力去重建其過程。

藝術創造的過程通過靜觀，在腦海中形成，幫助你做成價值判斷，你就可以告訴大家這藝術品爲何，是美或不美。可是自沉思得到的結論能否說服大家呢？你推論的過程就必須把個人的偏好丟掉，採用眾人都可接受的觀點。如同法官審案一樣，即使重建了事實，證據確鑿，行爲的判斷在量刑時還是要得到可以使大家心安理得的結論。

這就要靠「主觀的普遍性」。也就是說，雖然是主觀的判斷，經過說明，大家就明白了，大部分人都同意這樣的判斷。因此在這條思路上，美的判斷必須有廣闊的基礎，而且是可以溝通的。把美看做不能言說的素質是不能成立的。所以美的判斷屬於常識的範圍。

距離在美的判斷上的意義

說到這裡就要談到距離了。在這條思路上，美的判斷既然必須有人與人間溝通的基礎，個人的觀點必須排除。首先要排除利益或個人的興趣（disinterestedness），這樣可以消除偏見與蔽障。靜觀的作用即在於此。好比面對我們的愛人，「情人眼裡出西施」，怎能做客觀的判斷呢？其次是超然或公平的態度（detachment），這樣可以不介入，不站邊。這一點比排除個人的利益更進一步。比如我們對某位女孩子的評價，她雖然與我素不相識，亦並非我的所愛，但我可能對她有某種熟悉感，因而產生潛在的好感，這就是不超然了。

最後說到距離（distance），就是時間與空間的距離了。可是依這條思路來看，康德觀念中的距離不一定因爲有距離而產生美感；而是因爲保持距離，才能使自己保持超然的態度，不至於產生偏見。比如要對某位女孩子的美質下判斷，最好要保持距離，如果握手搭訕，就比較容易感情介入，而失去超然判斷的可能性。我們不是常說見面三分情嗎？距離可以總結以上的三個層次。

我相信把距離視爲美的判斷的條件是未可厚非的。我之所以要辯解這一點，是因爲要歸結到我的結論，即在生活美感中，距離不是主要的問題，然而順著我所了解的康德的思路，距離在美感判斷上的意義還是存在的，值得我們思考。

寫到這裡我要先釐清美感經驗與美之間的分別。不論是朱光潛先生所說的距離或我所理解的康德所說的距離，都與美感沒有必然的關係，而是自人生中或藝術作品中汲取美的經驗所必要的態度。我向來認爲美感發自生物性的需要，是有其絕對性的；自人生與藝術中汲取美感則是相對性的，會因人而異。要使個人所體會到的美感成爲普遍的認知，並不是很容易的，因此才有保持距離的必要。

在今天的多元社會裡，美感的判斷不太重要了，美的感受成爲個人的經驗，沒有使它普遍化的必要。因此距離就失去其意義。以今天的價值觀來說，保持距離不但不能使人體會深刻的美感，而且會使美的感受表面化，無法產生眞切的感應。

今天所重視的不但不是保持距離，而且要盡量的接近，甚至介入其情境之中。今天我們相信要認識一位女孩子的美感，隔岸觀火式的觀察實在太表面了。那只能感受到她的外貌，無法深入她的生命中，發掘她眞正的內在的美感。這樣的美感經驗只有把自己捲入其中，才能體會得到的，是純粹個人的經驗。對人的了解是如此，對世上一切事物的體會都是如此。超然而冷漠的態度已經不被視爲正確的態度了。在多元價值社會中並不是沒有價值判斷的必要。個人有了深刻的經驗而有所感悟，就希望能把自己的經驗與眾人分享。因此今天的社會中，藝術的創作反而更多了，對藝術的需要反而更殷切了；

藝術的形式也更加多樣化。他們雖然表達出不同的體驗，但都希望得到社會大眾的共鳴。因為人類是需要同情的，缺少了感情的共鳴，會失掉生命的方向。

然而要把個人的經驗傳達出去，讓眾人接受，進而分享，仍然需要一種理性的思辨作為普遍化的基礎。這又不能不回到理性判斷的問題了。一位藝術家在深入的經驗了一段人生之後，當希望用藝術的形式表現出來的時候，必須經過解釋（interpret）的過程。解釋的作用是把原本無意義的經驗架構起來，變成有意義的經驗。一個思想家或有思想的藝術家一定要有解釋現象的能力，才能達到足以令人感悟的境界。

自人生體驗到藝術的創作需要理性的解釋，一旦藝術品完成，觀賞者也必須進入破解的過程，體會其內在的意義。這就是西方評論家把藝術視為有意義的形（significant form）的原因。而這些解釋、思辨、尋求意義的過程，實際上仍然要回到超然的態度上才能完成的。也就是說，在體驗的時候需要介入，在判斷的時候仍然需要保持距離。這兩種過程一定要在同一人身上完成才好。

中國人傳統的審美態度

在此我要談談中國人的審美習慣。中國傳統士大夫的審美能力是非常薄弱的。爲什麼一個有幾千年文化傳統的民族，其知識份子缺乏審美能力，一直到今天，情況仍然沒有好轉呢？

答案要歸結到審美判斷的態度上。以傳統士大夫對繪畫的立場來說，自明代以來，他們很少寫生，極少人眞正進到大自然受到感動，但他們畫的都是山水。自一個觀點看，他們與自然保持了距離，應該可以得到客觀的美感。不幸這一點正是中國傳統畫家最嚴重的缺失。他們沒有投入自然，沒有親身體驗大自然的生命力，只靠一點抽象的概念，與先輩的畫稿，就堂而皇之的「寫」起畫來了。所以幾乎有六百年，中國沒有產生令人感動的作品。他們的這種態度不是超然，是冷漠。因此他們在審美上能體會到的也只是某種概念，這就是傳統文人畫沒有文字幾乎就失掉意義的原因。

爲什麼他們的審美態度不能算作超然呢？因爲他們沒有經過知解的過程，沒有了解就談不上思辨，當然就沒有自己的見解，因此也談不上超然。事實上中國文人頭腦中是充滿偏見的；他們受傳統影響太深，又把自己完全投入傳統價值的洪流中，失去了獨立判斷的能力。他們看到菊花，就想到「採菊東籬下」，看到松樹，就想到「明月松間照」。傳統的意象來得太方便了，連獨立感受的能力都消失了，更不要說審慎的思考了。

中國的山川名勝之地，原可供文人靜心欣賞的。可是中國人有很壞的毛病，就是在山石上刻字。自文化的記錄看，刻石是重要的遺產，可是文人雅士動不動就把自己的感懷刻在石上，讓後來的遊人來到名勝地區，不再陶醉在自然景色中，反而受到古人題字的影響，被古人牽著鼻子走，再也看不到眞正的自然。因此有所感懷，也不過是古人的翻版。這樣的心情還談什麼超然或距離呢？

中國讀書人既不能以赤子之心投入生命之中，又不能超然於傳統之外，要想有文化的新創就非脫胎換骨不可。所幸過去一百年緩慢的改革，這些習氣已有所改變了。所以學習如何進行尋求意義的理性判斷，對於今天的中國人來說是很重要的。自此著眼，不論是朱光潛的距離與康德的距離，對於中國人審美態度的改變都是很有幫助的。

距離不是美的必要條件，而是判斷美的必要條件

我雖然主張有比較客觀的美感存在，但是面對任何一件藝術品，即使是生活中的應用藝術，客觀的美感也只能是整體美感中的一部分。也就是說，即使空間的距離完全不存在，美還是需要觀照才能完滿的達成。生活的藝術究竟屬於工藝品呢？還是藝術品？完全看形式的美是否含有深度的意義。

以你常用的杯子爲例吧！如果它是一件藝術品，那就是與你完全沒有距離的藝術品了。即使是一只普通的杯子，除非你沒有選擇的餘地，否則必然是經過你有意、無意的美的判斷而選出來的。選擇，代表了你的品味。如果完全對了你的胃口，這只杯子應該越用越喜歡，成爲你生活中的一部分，因爲你看著它順眼。

如果你是有品味的人，這只杯子應該是美觀的，它應該合乎客觀的美的原則，凡有

相當美感素養的人都會說它好看，可供人欣賞。到此，朱光潛先生所說的距離的作用是失效的。然而如果你是一位鑑賞家，有人問你，何以你感到這只杯子是美的呢？你要回答這個問題，仍然必須要經過思辨來完成。

你會發現美有很多面向。按照一般的分析方法，至少有三個向度，一是視覺的向度，也就是視覺美的一面，這是可以用幾何學來分析的。二是功能的向度，也就是與生活利便相關的一面，這是與人體工學相關的。三是記憶的向度，也就是傳統與習慣的一面，這是與文化與教育背景相關的。雖然只是一只杯子，分析起來，需要花很多心思，幾乎可以寫一篇文章。有些說明是可以服人的，有些未必能服人。

當你分析這只杯子的美感時，在心理上就有與它保持距離的必要了。你不能因為喜歡這只杯子而扭曲了對它的判斷，你要與它在感情上劃清界線，這時候的距離才是我所了解的康德在美的批判中的距離的意義。它不是美的必要條件，而是判斷美的必要條件。

自然美與大自然的美

在美感中，有自然美之說，亦有大自然美之說，兩者截然不同的，雖然自然是從大自然引申而來的。

自然美是人的造物中的一種特質。自然是頗為抽象的形容詞。如果你查字典，特別是英文字典，會發現自然（nature）這個詞有合乎常理的意思，有率眞的意思，更有本性的意思，哲學性很深。所以了解藝術中的自然美，並不是很容易的事。在一般的觀念中，把自然與人工相對來了解；這是很膚淺的看法。其實深入的理解，所謂自然，是包含在人造物中的。最容易舉的例子就是建築藝術的理論。

萊特的「落水莊」

建築是人的造物，要怎樣來談自然呢？可是在現代建築中就有幾位大師級的人物開口閉口都是自然。以美國的頭號大師萊特（Frank Lloyd Wright）來說吧，自然是他的作品理論的骨幹。萊特的作品「落水莊」，已經是家喻戶曉的建築了，被認爲自然美的代表。凡是知道落水莊的人，對自然美的理解，可能是融入自然之美。這棟建築蓋在一個小溪的瀑布上面，其伸出的陽台幾乎與自然融爲一體。瀑布的聲音是一種天籟，與穿越附近樹林中的風聲合鳴，使這棟住宅的主人也融入自然之中了。

這樣的自然觀與一般喜歡自然景觀的人有什麼不同呢？我們知道美國人在郊外建屋，很重視景觀，也就是視野（view），我國近年來的市郊發展，也慢慢懂得用視野賣房子了。這種觀念是建立在欣賞大自然之美之上的，與萊特的自然觀完全不同。何以言之？試想在小溪的附近建屋，如果重視的是大自然之美，那麼眼前最美的景觀在那裡？自然是瀑布之美。聰明的建商就會把房子建在觀看瀑布最適當的位置，而不是建在瀑布的上面。住在落水莊的人要看瀑布是很困難的，所以建此屋不是爲主人的視野而建，而是爲融入自然，好像是爲參觀的人所建的。

材料的自然美

所以融入自然的觀念是很抽象的，它存在建築家的腦海中。我們看萊特的建築，比較容易理解的，反而是他所盛倡的「材料的自然」。他在早期的住宅建築中常使用自然的材料。所謂自然的材料，就是最能使我們感受到大自然的建材，那就是石材，不是我們今天常見的磨光的大理石或花崗石片，而是手鑿的塊石。萊特喜歡用砂石的片岩，有點像排灣族使用的石片。因爲粗糙的石面才有自然的感覺。在建築理論上，這是自然質感之美。一種材料來自大自然，經人工用爲建材，越直接表達原味的，越有自然的質感。經機器打磨的就差多了。萊特的自然質感美的觀念普遍的爲美國人所接受，所以彼邦中產之家都喜歡自然肌理的材料，但經俗化之後，木紋與石面都經打磨，呈現出一種

萊特的「落水莊」（圖片出自《瀑布上的房子——追尋建築大師萊特的腳印》，成寒著）。

極人工的自然美。

可是在抽象的觀念上，卻另有發展。自然解釋爲率眞與本然，就與一般的自然美分家了。我們說材料的自然美，對建築家來說，並不一定是自然材料之美，人工材料也可以有自然美。台灣的民眾喜歡建築的表面貼面磚，可是建築家卻喜歡水泥的表面，也就是模板取下後不加粉飾的面，因爲模板的紋路是水泥的本然，不加粉飾就是率眞，因此「清水」水泥面就有自然美。同理，「清水」磚壁，就是未加粉飾的磚壁，比起面磚多些自然美。

在這個層次上，一般人應該可以了解。我們常說某人的表情很自然，某人很做作，所謂表情自然，指的是在發抒感情時面容率眞而不牽強，不誇張，也就是發乎內心；表情做作則是面部表現的感情非出自內心，因此缺乏眞摯與誠懇。凡有這樣觀察經驗的人應該都明白自然美的抽象意義。

事物本性的自然

再進一步，自然就解釋爲本然了。我們常說「理之當然」，意思是一件事物有其本性，能呈現其本性，就是自然美。牛有牛的美，虎有虎的美。我們不能因欣賞虎的矯健、快速與勇猛之美，也要求牛有同樣的表現。相反的，牛必須凝重、遲緩、堅忍才見其美。畫家都懂這個道理，所以張善孫只畫虎不畫牛，李可染只畫牛不畫虎。

在建築上，萊特的融入自然之美已經很抽象了，到二十世紀中葉，出現一位大師，路易士・康，更倡導本然的美。他的作品大多是幾何形，看上去極爲人工，可是他認爲自然的秩序發自物之本性，是建築的最高原則，這話也有道理。花爲什麼美？與花的自然秩序有關係，如果花瓣亂長還會美嗎？不同的植物，因其特性，有不同的花，因而有不同的秩序，是各種花呈現不同美感的原因。到了這一步，一般人就很難理解了。即使是學建築理論的學者也未必弄得懂。因此康的理論雖影響世界建築界十數年，到今天已被大家遺忘了。

自然與大自然在英文中是同一個字，但意義卻不同。大自然指的是孕育一切生命，與生命所附著的環境的那個自然，是與人造物相對的那個自然，是英文字典中nature一字的第一個解釋。爲了與抽象的自然分開，前面加一個大字，外國人有時也把N字大寫。這是爲了方便，原是沒有必要的。

中、西方眼中的大自然之美

大自然的美在我國好像是沒有疑義的。可是爲文人所認定也是始於六朝。自此而後，我們就成爲愛好自然的民族。因爲與西洋文化比較起來，我們發現自然之美是早一千年以上的。

西洋人發現自然之美是在文藝復興時代。自十四世紀之後，詩文與繪畫中開始出現自然的背景，可是與中國人一廂情願的把心靈寄託於自然，仍然是不可以道里計的。他們徹底的欣賞大自然之美的主張，直到十九世紀才出現。這是浪漫主義的情操改變了他們的視覺焦點。中葉以後，有些評論家如羅斯金（John Ruskin）已經視人類是破壞大自然美的禍害了。他們無形中肯定了大自然之美是絕對的，無可爭議的。

最極端的看法，如英國藝術工藝運動的大師摩里斯（William Morris）曾說過，大地上沒有人住過的每一平方哩的地面都有其特殊的美感，只要我們不要去破壞就好了。這個意思是說，凡是未經人力侵犯的自然，都是美不可言的。原始的自然都是美的，是一種信念，也是一種哲學，並不一定為一般人所接受。

生機的象徵與風水論

對一般人來說，大自然的風光是有分別的。有些美不勝收，有些則令人厭惡。大部分的人喜歡青山綠水，喜歡繁花嘉木。對於乾枯的田野，危險的斷崖，砂石的河床則沒有好感。我們對自然景物是有選擇性的。人類之所以有此選擇，乃因普遍的說，我們偏好生機的象徵。對於大自然的生命力感到喜悅，對於大自然具有摧毀性的力量則感到恐懼。中國人對這一點表現得最清楚。在風水術上，以生之象徵爲吉，以死之象徵爲凶。因此在擇地上要趨吉避凶。明代之後，風水家一個普遍的觀念，即凡爲吉地亦必然是美景。中國的自然文化有大眾性的本質。所以自朱熹以降文人們也相信風水，與一般人並無區別。詩詞中膾炙人口的名句，大多是生命現象的描述。可是在他們的內心深處是很尊重大自然原則的。唐代詩人有很多作品是因北疆的大漠而發，也有讚美長江三峽的作品；宋代的山水畫家常以巨石爲寫景的對象，可知他們在隱約間也有了大自然景物無不美的觀念。可惜後世的文人玩物喪志，流於奇巧，沒有發展出壯闊的哲思。

西方認為大地是神的造物

外國人雖有這樣的思想，卻很難爲美學家所接受。因爲美學是用來研究人造物，尤其是研究藝術的學問，對大自然是不適用的。有一些崇信神格的學者，尤其不願把大自然的風光拿來品頭論足。因爲他們覺得大地是神的造物，不是人類可以置喙的。西方這類思想，是自中世紀傳下來的，在當時，他們不覺得大自然有什麼美，只是接受神的意旨而已。至於神爲什麼製造出這樣一個大地，實在是無法探究的。

反過來說，認爲大地萬物爲美的人同樣可以把它歸之於神力。把美視爲神的人格之一，也就不必深究美爲何物。可是把大自然之美神格化的觀念，很容易引申出神的意志的說法，進而就可以把大自然自純粹的視覺的存在，提升到抽象觀念的層次了。

大自然按自然之理生成

在此，實質的大自然與抽象的自然再次相會。神的意志雖未必爲眾人所信服，但十九世紀以後，科學的觀念興起，以理來解釋自然的美，就比較容易理解了。因此大自然之美就與自然生成之理合而爲一。用通俗的話來說，大自然景物爲什麼必然爲美呢？因爲它們都是按著自然之理來形成的。而自然的道理也就是抽象的自然的界說。

從這種角度看大自然，自然千變萬化，都是大地成形的力量所產生的，這就是自然之爲自然的道理。人力所造之物何以未必爲美呢？因爲人類未必掌握到自然的道理，而且不免因個人的利益而有偏見。相信原生的大自然每一方哩都是美的，就是崇信自然的力量。

觸動生命的自然景觀

這個世界如果依人類生存的條件來說，自然是以氣候溫和、山明水秀、鳥語花香的國度爲美。這確實是人類判斷大自然美醜的首要原則。但是人類的精神文明常常不是發生於這樣的環境，而是在險惡的條件下滋生的。因此險惡的生存環境不一定不會孕生美感。美國西部的國家公園不一定是世外桃源型的「優勝美地」公園，也可能是急流切割成的大峽谷。由於地殼變動所造成的奇特景觀，常常是極動人心魄的。

以中國的風光來說，黃山型的風景最合中國人的心意。傳統江南的鳥語花香的農村景象反而不曾入畫。這就是因爲特別重視大自然造景的緣故。生命在這樣艱苦的環境中，像古松一樣呈現出堅忍挺拔的精神，因此自然的美就與人文的期許合爲一體。在台灣，有些地景，如南部的月世界與中部的火焰山等，不就被視爲獨特的景觀。美國人會把這類景觀保存，稱之爲自然紀念物，也是賦予人文意涵的意思。誠然，大自然的景物，無論是什麼型態，其背後都有一種力量所孕生，那就是自然。你觀看自然景物，雖不能盡理解其背後的原理，卻感到其生命似乎可以與你相契合。人工的造物很難做到這一點，但創造者如能深切體會自然的道理，

黃山的風景：廣受歡迎的大自然風光。（林載爵／攝）

順著眾人所可理解的常理運作，就使人感到自然之旋律，而體察其和諧之美。

二十世紀後期藝術家觀念的改變

自然美與人工美相對立，是因爲藝術家常常希望超越一般的常理，甚至以對抗常理的觀念，來突顯其個人意志。這是西洋十九世紀的哲學家所鼓吹出來的。到二十世紀後期，藝術家就不再有自然的觀念了。也就是這個原因，自上世紀中葉以來，藝術就與一般大眾徹底分家。今天的前衛藝術只表現藝術家個人的理念，在現代普遍的民主昌盛的時代，只能說是多元價值觀的一個註腳吧！

恬適生活之美

恬淡舒暢是悠閒生活中的一個境界，到了這個境界才能「悠然見南山」，才能看到「江上清風」與「山間明月」。但是這些美的感覺並不會產生讚嘆的聲音，只是淡淡的，對大自然節奏的一種體會而已……

一位朋友說，你談美談了許多，爲什麼沒有談到生活之美？中國文人理想中的恬適豈不是一種美的境界？我一時爲之語塞。

道家從未正面談美

我承認，我談美，有一個美的觀念在心裡，即西洋的古典美學。對於中國兩千多年的傳統，以道家思想爲主軸的美感觀念，確實沒有觸及。這是因爲道家從來沒有正面談美。老子說，「天地有大美而不言」，所以後代乃至現代以老莊思想爲基礎的有關美學方面的討論，大都是一種思想的推演，並不是眞正的美感。

自表面上看，道家崇尚自然，大自然的美應該屬於道家所崇尚的美。這是外國人的看法。其實在老莊思想中，並沒有美的觀念，所以也沒有注意到大自然的美，我們都知道，道家所說的自然，就是理之當然的自然，所以老子說「道法自然」。這個道理，我已在〈自然美與大自然的美〉一文中介紹過了。

中國的隱逸思想以及對自然的態度

中國人對大自然之美的熱愛不能不承認與道家有關，但不是直接的關係。實際的關係是中國所特有的隱逸思想。後世的人以爲隱逸是道家所獨有，其實不然。這是與儒家退讓的道德密不可分的。伯夷、叔齊因讓位而隱逸的故事就是很好的說明。膾炙人口的陶淵明的故事，雖然以唾棄官場生活而爲逸士，其性質是很類似的。他們，這些隱逸之士，後來醉心於大自然之美，確實不是因爲崇尚美而決定的行爲。以陶淵明來說，在他的著作中並沒有出現美的觀念。他只提到一個美學，那是美酒之美。因爲他退隱之後，仍然要以酒來排遣苦悶。中國的知識分子都是在心不甘情不願的情形下退居山林的，他們的心離不開廟堂。生活在山林中，以耕讀自娛，逐漸就接受道家消極的人生觀，而漸能自大自然中體會「自然」的眞義。這時候大自然的景色會出現在他們的心境中。久而久之，清風明月才成爲他們生命的一部分。中國的詩與畫都是在這種心境中產生的。

由於在退隱中過的是艱苦的生活，所以在精神與物質上都受折磨。追求精神的恬靜，達到心不生波的境界固然是他們所嚮往的，在物質生活上的舒適：夏日之涼、冬日之暖、飢而食、渴而飲，是達到精神平衡的基本條件。所以退隱的知識份子眞正做到精神與物質合一。從今天的觀點看，他們理想中的恬適，確實是一種高超的美的境界，只是他們並沒有「美」之感覺而已。

傳統詩畫是在勾勒理想境界

以中國傳統的詩畫來說，形式美並不是創作的目的。他們只是勾畫或描述一個理想的境界，供他們的心靈遨遊而已。他們並不是表達大自然之美。這就是爲什麼，中國古人所寫的詩何止萬千，但流傳於世，廣爲人傳誦的不過百十而已。描述個人的心境不能引人同情，只有通過大自然的美而勾畫的心靈境界才是俟萬世而不惑的。這也是爲什麼，元明以來，畫作汗牛充棟，竟找不到幾幅爲大家所熟知的作品。在過去，印刷術不發達，流傳不易，近年來出版物流行，就知道即使在故宮博物院的藏品中，眞令人激賞的也不過幾十件而已。大多數的中國詩畫都是面目模糊的。國畫並沒有表現自然之美。

我並沒有低視中國畫，國畫之缺乏美感乃因畫家志不在此，他們並不願意描寫自然之美，是希望抒寫心中的天地，與詩一樣。元人有一段話說明這種態度：

「山水之爲物，造化之秀，陰陽寒暑，朝昏晝夜，隨步改形，有無窮之趣，自非胸中丘壑，汪汪洋洋，如萬頃波，未易摹寫。」

他們要描寫的是無法掌握的自然現象，當然未易摹寫。他們要「外師造化，中得心源」，想用自己的心來創造一個渾然一體的意境，而非抒寫自然本身。這與中國人沒有發明透視術是有關的。

感官的愉悅與恬適生活有關

在現代中國讀書人中，眞正懂得中國文化中恬適生活之美的，自然是林語堂先生。林先生坦率的指出，中國人明白身體不舒適，就無法體會美感的道理。不論對美有多大興味，只要一時大便不通，美的興味就全然消失。林先生最佩服的是明代末年的金聖歎先生。金先生以批注六才子書聞名於後世，是一個典型的懂得享受生活的人。

很有趣的是，林語堂先生在他的《生活的藝術》一書中完全沒有提到美字。他倒對快字多次提到。快字在他心目中是指快樂。後來很多批評家不肯承認快感就是美感，也就是不認爲感官的舒暢與美有關。這是不了解中國傳統文化的精義，感官的愉快與美是分不開的。

快樂建立在煩惱上的取樂法

林先生所崇拜的金聖歎在批註《西廂記》時，曾寫下三十三項「不亦快哉」的情況，似是他經驗的記錄。在這三十三則的第一則，描述一個夏天七月的大熱天，無風無雲，熱得他汗流浹背，有飯也吃不下，又有蒼蠅在臉、鼻飛擾，趕也趕不走。正莫可奈何，忽然黑雲密佈，雷聲隆隆，急雨如千軍萬馬般奔來，屋簷落雨如瀑布一般。氣溫頓降，汗水立刻消失，身心一爽，飯也吃得下去了。這就是身體感官自痛苦忽然順適所感受到的快樂。

他的三十幾則「不亦快哉」中，除了這類感官突然獲得順遂的愉快之外，尚有多項是心情愉快的例子。如書房前因蔓藤等太長而陰暗，拔掉而植以乾淨俐落的植物如芭蕉，就已經「不亦快哉」了，看到孩子們肯努力讀書，背書滾瓜爛熟，也「不亦快哉」。冬天夜裡飲酒作樂，推窗一看，大雪紛飛，已積數寸，也看得他「不亦快哉」。推窗放蜂出去，看人風箏斷線，看野火在燒，都是生活中使心情開朗的細節，在金聖歎看來都是人生一樂。總結的是，他的快樂建立在去煩惱上，只要把煩惱排除，就會感到爽快，就可享受人生之樂。

這種取樂之法，自生活哲學上看就是追求悠閒生活。要使日子過得閒適安靜，首要的條件是去煩惱。林語堂的生活藝術中不討論美，談的是快樂。在他認爲要快樂就要悠閒。所以他佩服金聖歎，因爲金先生跨出了第一步。克服了煩惱之後，就不要自尋煩惱。所以他最痛恨西方人立下的生活規範。要守時間、守秩序，還要追求事業成功等都是自尋煩惱。懂得生活的人樣樣都不計較，才會悠然自得。不尋煩惱而煩惱會不會自來呢？免不了。不去追求事業成功，難免有生活中某些煩惱，諸如生活困難之類。可是若沒有生活的困難，那裡會有排除困難時的爽呢？金聖歎的爽快之一是朋友來了無錢沽酒，乃向老妻討她的簪子去換酒，老妻慨然允諾，使他「不亦快哉」了。可見要爽先要有煩惱。這是恬適生活中的高潮，是特別值得記憶而與朋友們分享的快意。

林先生藝術的意義不在於美，其目的與宗教一樣，要幫助我們「恢復新鮮的視覺，富於感情的吸引力，和一種更健全的人生意識」。有了這樣的生活態度，感覺就不會麻木，感情就不會遲鈍。因而就能破除社會凡俗的蔽障，保持樸質的永遠新鮮的自然情思，也就是在這種情形下，恬適的生活中才能體察大自然之美。

恬淡舒暢是悠閒生活中的一個境界，到了這個境界才能「悠然見南山」，才能看到「江上清風」與「山間明月」。但是這些美的感覺並不會產生讚嘆的聲音，只是淡淡的，對大自然的節奏一種體會而已。這是一種超越美感的美，與西方古典以來所談的美大不相同的！

中國人不談美，認為純粹美是當然存在的

可是恬適的美與美感眞的無關係嗎？如果眞正無關，豈不表示中國傳統文化中沒有美感這回事？當然不是。中國人只是不談美而已，我們的感覺的細胞對美實在也是很敏感的，只是害怕美的吸引力太大，使我們沈湎其中，再也體會不到純眞的人生而已。

我們曾提到，中國古人很重視音樂，希望自音樂中得到和諧、平靜的感覺。中國人怎麼從樂音中得到這樣的感情呢？從今天看來，是由於音韻之美。古人重視古琴，乃因古琴發出簡單的韻律，合乎古典美的原則。能自大自然的韻律中發現美感的人，都是對美感有天賦的人。因爲生活在大自然中的農民，雖常日在自然環境中操勞，卻沒有機會認識大自然的美。

在我們眼前的大自然的景色，可以毫不困難的利用美學原則來加以分析。它是線條、質感、色彩、光線所組成的世界。因此可以用比例、均衡、協調、節奏、對比等予以分析，這就是西洋的畫家把自然風光移轉到畫版上時，所有意無意運用的一些原則。

只是中國人沒有經意的去思考這些，他們無視於這些美的原素，只感到大自然與人之間的和諧關係。他們把這些美感原素混在生命的智慧中，以爲這完全是心中所發生的。也可以說，他們有覺察美的敏感，卻無視於純粹美的存在，而認爲是當然存在的。

恬適生活以靜觀、覺察美

其實悠閒的生活最有覺察美感的機會，因爲在悠閒生活中才有靜觀的可能。而靜觀在西洋思想中，是美的覺察最主要的途徑。這一點可以說是東西方文化在審美心境中相交會的所在，這豈不是說明恬適的生活爲生命的智慧與美感的體會所共有的基礎！

金聖歎時期的中國人，在生命觀上已經完全成熟了。他們固然在貧窮中懂得享受排除煩惱的快感，視爲無上的快樂，同時也能欣賞自然與人間的美。中國人對建築功能上的要求，對於庭園設計上的要求，對於美的原則，在文震亨、計成、李漁等人手裡，已表現得非常深透。沒有形成有系統的美學，只是因爲中國人不喜歡板起臉來搞系統而已。我在二十年前曾寫過一本小書《明清建築二論》，就是討論這一時期的建築審美思想。

至於這個時期的士大夫階級呈現在生活藝術上的器物之美，簡直可與西洋任何時代相比，均有過之而無不及。明末以來中國人在生活美上的追求，已經使人想起孔孟時代對美的誘惑排拒的警告了。他們從來不把美的東西形之於文字，可是那個時期留下來的文物，使我們領會到當時精緻的文化所創造的審美水準。

中國人不談美，卻有美的境界

只舉一件東西為例，家具，即可看出當時

黃花梨的質感美：中國人的靜觀境界。

中國人已有靜觀體會美感的能力。他們利用花紋極爲美觀又極堅硬的木材，稱爲黃花梨者，製造日用家具，表面不上漆，製成最合用、最素樸、最美觀的桌、椅、几、床。至今爲西洋人高價索求。上漆是中國幾千年的傳統，明代的中國人都欣賞木材的質感與色彩。几、桌等簡單的構造，與高貴、優雅的比例，遠超過宮廷中精雕細鑿的器物。即使一個黃花梨的提盒，或鏡架，也美不勝收。自這些器物之中，我們可以看到中國人對美的極度敏感，是不會落後於古希臘人的。而在他們的生活中，自士大夫的悠閒、恬靜所自然發展出的靜觀的心境，是美感的泉源。

中國人不談美，卻有美的境界，在生命的層面，在視覺的層面，都是不落人後的。

輯四

美要從茶杯開始

美要從茶杯開始

美育眞的要從何談起？要從最接近生活的美感談起，而且要自小處談起。

我常常自茶杯說起……

有一位朋友說，你常常談美，其目的何在？

簡單，我希望看到一個無處不美的世界。人如果生存在一個這樣的世界裡，目之所及都使你心情舒暢，豈不是人間天堂嗎？我每次走到歐洲古老的、美得出奇的小鎭都不想離去；每次走進裝潢典雅，陳設雅緻的文物店裡就賴著不走。如果我們的整個世界都這樣美，生命就非常充實，人間有多幸福！

既然在人世上已有這樣美好的所在，照說創造這樣美的世界是人力所可及的，爲什麼我們眼前所見的仍然如此醜陋，人間又如此浮躁呢？

首先被責怪的是建築師，設計師。誠然，世上的建築師與設計師不稱職，才創造出令人難過的視覺世界。可是認眞想想，這眞是問題之所在嗎？

不是的，不論在那裡都有上等的建築師，都有一流的設計師，只是他們都不爲人所用。放著能創造美的環境、美的事物的能才不用，社會上就出現一些魚目混珠的、不辨美醜的業者，因此才堆積了這樣一個醜陋的世界。怪誰呢？怪的是沒有辨識美醜能力的社會大眾！

話又說回來了，既然大家都不辨美醜，就不知美爲何物。不知美爲何物，美存在與否就與他們無關，那又何必多談它呢？這種論調是很消極的。現實主義者是這樣看的，他們嘆口氣就算了。然而我是理想主義者，我仍然認爲塑造一個人間天堂並不是不可能的夢想。我嘆口氣，還想說服大家，這個世界有可能成爲使你隨時手之舞之，足之蹈之，爲美所充滿的天地。

從何開始？從人人都會爲美所陶醉開始。

這原本是學校中藝術教育的任務。可是我們的藝術教育不是被忽視，就是被誤用。千言萬語，總而言之，沒有在美育上有丁點兒的成就。老實說，我著急了幾十年也無計可施。很慚愧，身爲教育部藝術教育委員會的委員也有若干年了，經歷數任部長，從來沒有在會上聽到一次討論美育問題。我知道，美育已經被視爲落伍的教育了。學藝教的年輕朋友從外國學來的新東西，不用說，是藝術思想，把美育看成階級象徵，硬把它說成有錢人的玩意兒，可是天地良心，區區在下逃難到台灣，是上學時吃餿飯活過來的，雖稱不上三級貧戶，至少與所謂資產階級風馬牛不相及。我爲什麼沒有覺得美是有錢人獨占的東西？

學校既不搞美育，師範院校的教授也不談美育。藝術教育到何處去？搞創作？在六〇年代，一群年輕人創設了「大台北畫派」，發表了很有叛逆意味的宣言，其中公然說要擺脫美感教育的成見。把美感視爲成見，棄之爲敝屣，藝術會對美育有什麼貢獻？前衛藝術家從好處看，如同犬儒哲學家，斜著眼看人生，與正規的市民生活已毫無關係。藝術創作還有什麼可以貢獻於美感的？

這就是我要談美的原因。當今之世如果再沒有人談美，再爲了討好前衛的藝術流派忌諱談美，那麼海峽兩岸就要比醜，再過些年，就成爲世界上最醜陋的文化了。我寫〈藝術教育救國論〉就是懷著這樣的心。尤其是這兩年，政府忽然在搞文化創意產業，居然仍然沒有人談美。難道他們不知道所謂文化創意產業就是產品的美質化嗎？眞是要命。政府提出文化創意產業不久，適逢藝術教育委員會開會，我因故沒法出席，就寫了一個提案如下：

臨時動議：審美教育的推行

一、政府正準備大力推行文化創意產業，並提高國內生活相關產業的水準，藝術教育擔負了重要的任務，教育部應有所回應。

二、藝術教育包括創意的純藝術教育，與國民美育，此二者並不相通，對國家產業密切相關的是視覺審美教育。

三、建議教育部對審美教育訂定計畫，務使在短期內提高國民水準。應擺脱過去希望在藝術創作啓發中完成美育的觀念，開闢一新領域。

在這個提案中，我應該對九年一貫的「藝術與人文」提出批評，也許是鄉愿心理吧！只批評過去的教法。其實在美育上，過去的方法如教得實在，還有些效果呢！可是這個臨時提議在委員會上讀了一遍，沒有得到任何回響，像放了一個空砲。以「交某案一併研究」的結論就石沉大海了。

牢騷發完了，言歸正傳。美育眞的要從何談起？要從最接近生活的美感談起，而且要自小處談起。我常常自茶杯說起。我們都要喝茶，茶杯可能是與我們距離最近的用器了。它不僅是生活之必需，而且是必需中比較接近靈性的用器。我偶爾作了公共演講，常不期然的談到美，想指一樣東西來說明，常常就是講堂上的那只茶杯，可是不幸，有時候是一個紙杯，我就順勢發一頓牢騷，弄得主人下不來台。可是我眞心認爲這是很重要的。

想想看，你忙了一天，好不容易下班回家，又盡責任似的把晚餐解決，坐在舒服的沙發上，端起一杯茶，好好輕鬆一下，你需要藉著茶香，短暫的跳脫物質世界吧，這時候不應該捧著一個使你賞心悅目的茶杯嗎？

有人說，難道美感一定要自生活用器中得到嗎？

問這話的人以音樂老師們居多。誠然，我們生活中所需要的美感，以耳目為主，悅耳悅目都是很重要的，爲什麼強調茶杯，不提樂音呢？答案是悅耳與悅目是不相矛盾的，但悅目確實比悅耳重要。理由有二。其一，樂音可自CD或收音機中發出，對於喜歡音樂，甚至一刻都離不開音樂的人，隨時聆聽第一流的音樂，幾乎是毫無困難的。我知道有些年輕朋友連走路都帶著隨身聽，所聽的CD，不論是古典樂還是爵士樂，都是很悅耳的，對聽覺美感的培養不發生任何問題。這是現代科技之所賜，使我們實際上突破了取得聽覺美感的障礙。想到古人一定要自己會玩樂器，或常有樂師相伴，我們實在太幸運了。

理由之二是音樂是時間藝術，並不在空間存在。也就是聲音發出後就消失了。一個難聽的噪音，或不悅耳的樂音，只要停止發聲的來源，聲音就會立刻消失。同樣的，美的聲音一旦停止，也就消失於無形。因此不協調的聲音不會對我們造成持續的傷害。這種情形對視覺藝術而言就完全不同了。空間藝術的作品一旦存在，除非外力毀滅，它會一直存在你的眼前，對你造成持續的影響。比如建築，如果它是一件醜東西，你想逃也逃不掉。

說明了爲什麼空間藝術較時間藝術對美的人生有更大的影響，還要解釋爲什麼一只茶杯比一幅畫還重要。在空間藝術中，繪畫是主角，雕塑也是要角。主要的藝術爲什麼反而不如次要藝術重要呢？畫家們難免也不服氣。

這，也有兩個理由。第一，在前文說過，主要藝術在二十世紀中葉以後丟棄了美育的任務。他們既然自外於美感之外，怎能再要求他們做什麼事？廿世紀中葉以前，自文藝復興到現代藝術，藝術家自認負有美感任務，但他們的作品大多爲美術館或權貴們所收藏，非一般民眾所可親近，即使藝術品眞正有助於美感生活的充實，如何融入一般民眾之生活中呢？

其次，純藝術品本身有其獨立的性格。一幅畫也許具有高度的美質，但這幅畫的產生並非因美而產生，而是藝術家爲了表達某一主題，或傳達某一理念。所以一幅重要的繪畫使人注意的常常是那個主題，而不是美。有時候，美是完全被忽略的。比如一幅宗教畫，內容也許是聖母與聖子，觀畫的人自然會因這樣莊嚴的主題而以敬畏的心情來面對，而不是因它的美受到感動。越是成功的藝術品，越容易使人忽視形式的美，越不容易因此美感而達到悅目、進而悅心悅意的境地。

事實上，只有單純的生活用器的美，才能擺脫藝術內容，把純粹的美呈現在我們的眼前。

生活用器是沒有內容的，它們只是為我們所用而已。要談內容，就是它的功能。一個杯子，只是供我們喝茶所用。因此單純，它的美才容易突顯。你曾經認真注意過你的茶杯嗎？如果你選一個很美的茶杯，就是在美化人生的途徑上，邁出了成功的第一步。

如果你注意到茶杯，就會感到選一個茶杯並不輕鬆。你會發現在百貨店的家用部有各種各樣的茶杯，使你眼光撩亂，有不知如何下手之苦。這正是鍛鍊你審美判斷能力的好機會。如果你已有相當的眼光，則你遇到的問題可能是在眾多美好的設計中選擇一個適合你用的茶杯。這是理性問題，比較容易解決。同時你有權利選擇你所偏愛的形狀或顏色，選擇最近流行的風格，甚至選擇與你的其他家用器物相配合的設計。

如果你眞正缺少判斷力，從來沒有想過選擇美的茶杯這件事，你很可能茫然不知所措。這該怎麼辦呢？如果你眞想邁出這一步，又不想去上一門美學的課。那我勸你多準備一點錢，多保留一些時間，與自己玩一個遊戲。你要開始多逛百貨店，養成找茶杯看的習慣。

多看是訓練眼光最好的辦法，因爲審美是人類的本能。盡量多看、細品而不下判斷，是用功的第一步。讀讀設計美學相關的書，可以幫你快速成長。一旦可以下判斷就可買一只回家。但逛百貨店去探訪新款式杯子的習慣，不能間斷。過一陣，你會發現原先買的並不理想。如果有你喜歡的樣子，不妨再買一只。這樣下去，經過若干次的探訪，看了不下數百只杯子，你應該已經在不知不覺間養成銳敏的審美眼光了。這一點，與聽唱片或CD培養欣賞音樂的能力是完全一樣的。

也許你在杯子上繳了學費，但自選擇杯子上所鍛鍊出的眼光是可以用在其他器物上的。你很快會對選用一切日用器物時花時間去探訪。這時候你就了解爲什麼女孩子喜歡花那麼多時間在衣物店裡，而遲遲不肯出手；也明白了爲什麼女孩子常常是選擇悅目衣物的行家。把購物的選擇過程看做審美判斷的日課，就不會覺得她們老是喜歡逛店是浪費精力而無所事事了。

當然永遠有一個捷徑，那就是去購買名設計家的作品。只要打聽明白行情，即使不懂得欣賞，先撿合用的買回去再說，經常使用，日夕摩挲，你終究會體會到它的美感而愛不釋手的。因爲設計師的任務就是創造美的東西。

時髦與美感

在一切美感所涉及的問題中，最難以了解的是時髦與美感的關係。時髦是一種美嗎？如果是，那是一種怎樣的美呢？

時髦是什麼？

「時髦」是略帶輕蔑的說法，比較通常的說法是「流行」，比較高級與讚揚的說法是「時尚」。其意義卻是一樣的，社會上有一個現象，那就是某一個時間大家都喜歡同樣的東西。它也許是一種食物，一種飲料；也許是某種顏色，某個形狀，某一花紋，或某一材料；也許是某種式樣的衣物，甚至某種外表的建築。在這一時間內，大家像著了迷一

尖銳的弧線形：目前流行的形式。

樣，非如此不美妙、不愉快；而對於流行之外的東西則都看不順眼。可是一旦時過境遷呢？原來視爲極好看的，卻再也引不起你的注意，甚至感到極不順眼。這時候你所喜歡的模樣已經是新的流行了。這種經驗相信人人都有過吧！

例子不勝枚舉。我是一個對舊衣物捨不得丟的人。雖然在今天的時代，一般的衣物是最不值錢的東西，但我總覺得沒有穿破，日後應可以用得上的，因此家裡堆了二、三十年的舊衣服。可是除了一、二件外，脫下身來的，大都沒法再上身。我曾嘗試穿回去，總覺無法出門，還是丟在那裡做紀念。有一天我翻出一件六〇或七〇年代的舊褲子，完好如新。我雖年老，腰身並未膨脹，就很輕易的穿上去。對著鏡子一看，我居然回到貓王時代了。褲子會有什麼不同呢？不過兩個褲管，一個褲腰而已。可是看上去眞的不同。我生活保守，不會買過分時髦的衣服，雖然如此，當時緊貼腰身到大腿，膝蓋以下寬鬆的設計，與後來上部寬鬆，下部收緊的設計恰成對比。至於顏色與質感的分別更不用說了。實在穿不出去。

爲什麼會有這樣的感覺呢？這是不是一種美感的改變呢？美感會隨時髦改變嗎？

有些思想家的看法是，時髦根本與美無關，它是社會需要的產物。社會爲什麼需要時髦？因爲在社會上有所謂上流社會，他們通常在生活中，特別是衣著上，要與一般人劃清界線。在古代，上流社會是貴族，其衣著與平民當然不相同，所以沒有時髦的問題。到了現代，中產階級與上流社會人士之不易分辨，因此有些高雅又富裕的人士就別出心裁，穿起特別設計的衣服，以滿足炫耀的心理。所以時髦是突破傳統，創造新形式的行爲。它原來代表個人的愛好，突顯個人的風格。

可是社會上大部分人都有羨慕他人，模仿名人的傾向，我們常說「上行下效」，說明人類與螞蟻類似，有盲目追隨領導者的生性。這就是「一窩蜂」現象。時髦是靠這種心理推動起來的。換句話說，在這個社會上總有少數人喜歡出鋒頭，標新立異，吸引大眾的眼光以自滿；而大多數人確實會因此而受到感動，亦步亦趨，追隨在少數人之後，摹仿他們的行爲與衣著，而形成風氣。一旦這些新花樣成爲流行，它的獨特性就失掉了，那些喜歡新奇，不耐凡俗的人就又創新意，捨棄了爲大家接受的流行。這就是時髦衰退，而新時髦產生的時機，所以它的社會功能是不斷地新舊交替起伏的。

商業社會的產物

一條貓王時代的褲子，我穿不出去，是什麼道理？是不是因爲它不美呢？

這一點與美確實無關。上文所說的新舊交替的社會功能，到了商業發達的時代，就被商人所利用，把新、舊加上了價值的標籤。在物質匱乏的古代，衣物與器具是終生使用的，原是一種耐用的資產，在富裕的今天，耐用反而成爲一種經濟發展的障礙。如果大家都小心使用衣物、器具，工業產品就沒有出路，經濟就會蕭條。所以現代社會鼓勵消費，要消費就不能重視耐用性。但是一個矛盾的現象是，工業產品因爲製作精準，常常是耐用的。要想使耐用的產品不至於阻礙消費的願望，只有抓住人類喜新厭舊的本性，鼓勵大家把使用過的東西丟掉，要怎麼做到這一點呢？

工業家必須不斷的推出新產品。新產品的功用必須勝過舊產品固然是重要的條件，但是新式樣討人喜歡更加重要。有了新式樣又能推動新風潮，才能保證推銷成功。因此時尚的推動就成爲企業家的不二法門了。

是故到今天，時尚已不再是上流社會所發動了，而是企業家所支持的設計家所發動。它的動機不再是社會地位的建立或個性的發揮，而是商業利益。它不再只是標新立異，而且要了解社會大眾的心理，與文化的整體走向，設計家也被滾進潮流之中，不只是潮流的創造者，時髦的意義變得更爲複雜了。

因此一條貓王時代的褲子，穿不出去，與美無關，是因爲我不好意思穿出去。第一，由於那褲子的式樣，明眼人一看就知道那是我二十年前的東西，難道我活在歷史裡嗎？第二，那時候流行的平光、明亮的感覺

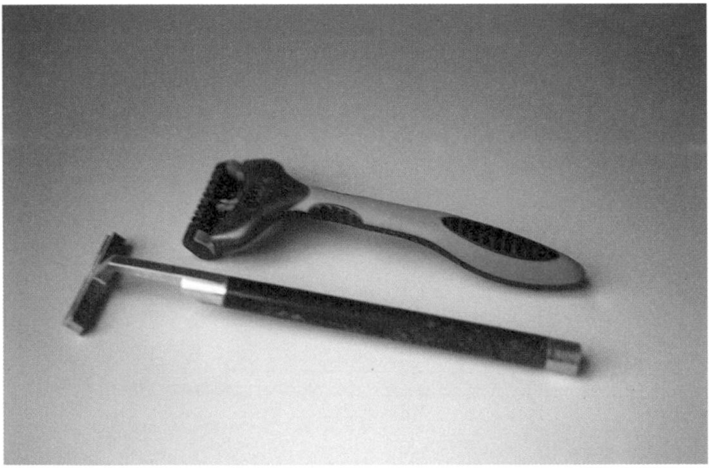

圖下方為現代主義時期流行的刮鬍刀，上方為後現代、目前流行的款式。

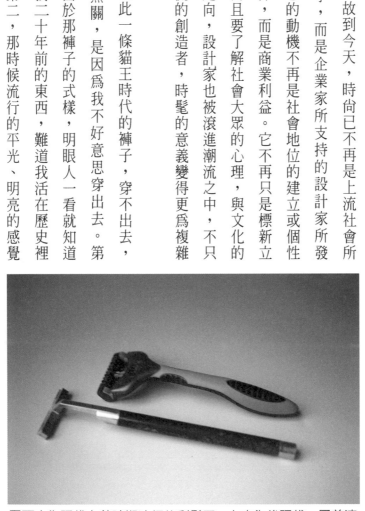

代表了當時的時代趣味，穿了這條褲子站在眾人間特別突顯，豈不使人覺得怪異嗎？第三，今天是講究舒服的，因此寬鬆、多褶而柔軟者爲上，爲何還穿這種不舒服的褲子，對自己也說不過去。

我是一個很不喜歡追隨時髦，被別人牽著鼻子走的人，可是到頭來我不能不承認時髦確實形成一種力量，跟著走比較輕鬆自在。一個人抵抗風尚之所趨是困難的。就以建築來說吧，它的壽命比較長，設計與施工的時間也久些，照說不應該受時髦的影響，可是說起來令人難以置信，建築追隨時髦的情形廣泛得幾乎可與衣服相比！只是建築時尚的周期較長而已，我捫心自問，對於建築的時髦，我也不能免俗！

建築由於工程的條件，造型一般來說是簡單的，可是造型越簡單，越容易看出時尚的影響。舉例說，在七〇年代之前，建築上若需要曲線的造型，一定是用圓形或圓弧。也就是採自幾何學的圓或半圓。八〇年代以後，簡單的曲線流行大弧線，因此拋物線式的曲線片斷就出現在建築上，代替了圓與半圓。今天再看半圓就覺得不順眼了。平扁的曲線在建築上不但用在牆面或玻璃帷幕的突出，而且用在屋頂的輪廓線上，有些高樓甚至使用兩片扁平弧線做成鑿刀式的造型，相交處呈現刀刃的銳角。

說到這裡，我要提醒各位朋友，近年來弧線已經非常普遍的使用在工業產品的造型上。機車的外形予人以尖銳的感覺，球鞋的造型也是如此。究竟這種流行會持續多久呢？沒有人知道。但似乎已經流行得過久了。

美感的麻醉劑

時髦與美沒有必然的關係，它與習慣有關係。人類對事物的愛好是從新奇開始，然後是熟習，最後是麻木。當熟習一種造型的時候，產生感情上水乳交融的關係，並未考慮到美醜。可是並非與美感毫無關係。舉例說，今天的年輕人喜歡把頭髮染成棕色，這是自日本傳來的一種流行。年輕人開始是好奇，久而久之，竟覺得頭髮不染就過於老派，因此大家都染，已經很習慣了。可是我們年紀大的人看他們染髮也許看不慣，身爲旁觀者，卻看得出有的頭髮染得恰如其分，有些染得過分，因此失了美感。如果冷靜下來，即使在時尚中，仍然可以辨別美醜。因爲美的一些基本原則仍然是可以通用的。

這就是說，時髦本身與美無關，但它仍然要受到美的批判。只是在流行之中，人的美感反應受到麻醉，常常忽略了客觀的美感判斷。所以對我而言，時髦是美感的麻醉劑，是應該非常注意的，雖然不能避免卻不可沉迷其中。這是我對學生常說的話。用一個通俗的例子來說，古人常用「燕瘦環肥」來描寫美女。這是指漢代的趙飛燕是瘦美人，唐代的楊玉環是肥美人。我們知道在漢代，女性的身材流行以瘦爲美；在唐代則以肥爲美。但這並不表示在漢代所有纖細的女人都是美人，在唐代所有福態的女人都是美人。漢武帝在瘦中選了趙飛燕，唐明皇在肥中選了楊貴妃。肥、瘦是時尚，而是否爲美，還要帝王的法眼去挑選呢！

一個眞正有創造力的藝術家最需要防範時尚的迷惑。順著時尚走的設計師只是比較容易被世人接受，或比較容易被時尚雜誌的編輯視爲合格。時尚既然是群體模仿的行爲所產生，它與創造相對立是不言可喻的。可是有些設計師常常誤以爲時髦就是創造。那是因爲當一個新的時尚來臨時，設計師比一般人更早覺察到。巴黎已經開始流行了，或美國的風尚改變了，一般台灣的大眾尚在舊的風尚之中，這時候設計師介紹此一新的時興的造型，好像是他的新創，必須說服顧客。在國際資訊流通緩慢的落後國家，這種情形是很普通的。所以落後國家的時髦永遠是先進國家已經丟棄，或已近尾聲的風格。

我有一個學生，相當有創造力，但一直喜歡標榜時尚。我一再告誡他，要取法乎上，不可人云亦云。這是第一流設計師的生命。他有案子做好模型要我表示意見，我一一指出那些模仿他人的細節，要他改掉。這樣才能逼他放棄抄襲時髦的方便，找到自己的風格。

消減時髦的影響

怎樣才能辨別時髦中有價值的美感，不受風尚的蠱惑呢？要點是抓住其合理的部分。任何新形式的創造，必須掌握到充分的理由，讓我們了解那是必要的改變，則這種美感就是有存在價值的，而非一時標新立異，欺騙我們的感官。以建築來說，拋物曲線用在屋頂上，好像流線型用在汽車上，是合理的發展。這是由於大型公共建築如機場、車站，希望極大跨距的結構，爲了不在大廳中立柱，需要發展高性能金屬的立體桁架。高科技的計算能力使今天的工程師可以做到低屋頂大跨距的空間，如日本大阪機場。由此而發展出精緻桁架的美感，美的桁架終於流行起來，就使用在玻璃牆上，漸漸把桁架當柱子用，導致玻璃帷幕與主結構的分離。到此，一切都說得通的，可以接受。然而有人把建築正面做成滑梯樣的大曲線，就無法理解了。

在生活中，是否順遂流行是無傷大雅的，只要不肆意追逐就可以了。如女性的裙子，有時流行短裙，有時流行長裙，短有短的美，長有長的美，無所謂好壞。然而眞正有風格的人，會依照自己的愛好與個性，選擇最適合自己的服裝，不管流行些什麼，都沒有根本的影響。適合自己的身材與品性，就有「合目的性」的美。

今天的時代是多變、常變的，但價值也是多元的。誰都可以按照自己的方式生活，而不必顧及他人的意見。這是一種新的永恆觀。現代人已經不相信永恆的美感，因此才不斷的追逐時髦，然而在常變之中，美感的價值卻顯得更爲重要了，它成爲衡量品味的唯一標準。

時尚是否可以抵抗呢？可以，只要你耐得住寂寞。汽車每隔幾年就隨時尚改變式樣，如果你選擇一部喜歡又耐用的車型，使用二十年以上，就會發現時尚被你擊倒了。你不但不在乎他人的眼光，而且會很驕傲的展示你的古董車的美感。超越了時髦，一件物品的眞正美感就更明白的展現出來，因爲它即將進入時尚所無法影響的歷史領域，接受客觀的評價。

裝飾是美嗎？

對一般人來說，裝飾是美嗎？答案是肯定的，根據我個人的經驗，社會上有相當比例的大眾，甚至認爲只有裝飾才算美。這就是爲什麼我們爲了祝賀某人的生日，會把一個蛋糕用奶油妝點得五顏六色的緣故。在我們的內心深處，美是不平凡的。裝飾是使一件東西顯得不平凡的方法。要推行大眾美育，第一步就要先讓眾人體認裝飾不一定美這件事，這是頗費口舌的。

愛好裝飾的本性

因爲人類太愛好裝飾了。如果把裝飾視爲人類的本性亦無不可，其實動物何嘗不是如此。動物，特別是鳥類，身上長著五顏六色的羽毛，旨在吸引異性的注意。有人說，孔雀甚至看到漂亮的女孩子也會開屏。至於人類，自原始時代的紋身，到文明時代的美麗衣飾，都說明了裝飾之不可或缺。我們常常說，愛美是人類的天性，這是不容置疑的；只是美感怎麼產生，有討論的必要。對於文明社會來臨之前的人類，所謂美，可能就是五顏六色的裝飾。

上帝可能就是這樣設計了大自然的秩序。在自然界有很多現象可以解釋爲生存的條件。物種源流，在達爾文的解釋下，可以歸之於求生存的進化，植物基本上爲綠色，是因爲綠色是自太陽中汲取能源的手段。可是爲什麼花朵要那麼豔麗？爲什麼要那麼多采多姿？據說是爲了招蜂引蝶，以便傳播生命的種子，爲了此目的，眞的要各種不同的鮮豔的色彩嗎？祂大可以把生物的器官，特別是視覺，設計爲對某一色彩發生感應。可是祂喜歡生命的戲劇，因此使生物的眼睛爲萬紫千紅所吸引，春天三月的陽明山，杜鵑花開得燦爛多姿，是上帝用彩色把生命的季節點綴起來，讓我們感到興奮與熱情。

其實在文明萌芽以後的社會，裝飾與美仍然是分不開的，只是原始社會的人類把裝飾直接施在身體上，比較接近動物；而文明初開的人類，把裝飾加在身體上，成爲身外之物。今天我們所知道的早期的人類，大多有紋身的藝術，而逐漸演爲使用飾物來美化的傳統。幾乎每一文明的早期都有珠玉項鍊之類的飾品，中國的新石器時代出土了大量的玉質飾品，其中良渚文化中，有磨製非常精美的珠飾與手鐲等。即使到了文明頗爲發達的西周時期，貴族仍然要以類似的裝飾來襯托自己的身分地位。

在此同時，開始發展出有意義的裝飾，也許是宗教信仰上的意義，也許是社會規範上的意義，裝飾物在美之外，有了象徵的價

三峽祖師廟的石雕，呈現閩南建築的裝飾風格。

值。以中國的玉飾來說，自遠古以來就有些特殊的造型，不但美，而且深奧難懂。其美質，今天是認識的，其意義就只能靠學者推測了。中國自東周以後，珠飾之類的東西逐漸消失，有社會意義的玉飾卻增加，裝飾工藝的美感開始與匠師的創造力有關。美成爲人類創造的標的，戰國時代的各種飾物，其精美巧妙，顯示出人類對裝飾美的追求達到了高峰。

裝飾成為階級象徵

可是此時，裝飾美成爲社會統治階層的專利。美再也不是人人都可追求的目標了。裝飾成爲身外之物以後，裝飾物的美是由很多匠師所製作而成，因裝飾而得到的美感，必須得到很多匠師的供奉才成。所以這時候美的東西，必然要有精巧的手工、珍貴的材料，才被大家認定爲美。

封建社會中特別設計了一些制度，讓有權有勢的人可以獨占美。比如中國古代的官方規定，明亮、美麗的顏色只有做高官的人才可以穿戴。一般老百姓只能著灰色或黑色的衣服。黃色屬於皇帝，紅色、紫色是第一等高官，這都是花的顏色。綠色、藍色是次等的官色，那是樹葉與背景的顏色。只有具有統治地位的人，衣服上才可以繡上美麗的花紋，這些花紋一方面有地位與官階的象徵意義，一方面是為了美觀，至於一般老百姓就不必考慮美觀了。

在今天的民主社會很難想像專制階級社會中的美感與社會地位交結不清的狀態。女性是很愛美的，但是鄉下的女孩子既沒有能力穿著美麗的衣服與飾物，也不准許她們這樣做。她們只能以粗布為衣，以野花為飾。可是富貴人家的女性，穿金戴銀，自頭到腳，都是鮮麗的衣飾。有巧妙的繡工，有精巧的金工。衣料則是亮麗的綢緞。這種情形一直到了明代江南經濟發展，產生工商富民之後，才有所變通。民間的愛美之心因此得到某種程度的滿足。清代之後，鄉下的婦女在結婚時可以穿戴官婦人的衣服，如鳳冠等，已經很滿足了。

建築的制度更為嚴密。雖然元代就有多彩的琉璃瓦，可是明代以來，嚴禁皇家之外的建築使用。沒有皇家的特許，建築只能用灰、白、黑三色。這就是大陸北方到長江流域民宅的顏色，只有到閩南才看到紅色的牆面與屋瓦，甚至使用彩色的木雕，這算是化外了。在皇權直接控制的地方，只有過年才准貼紅對聯，那是臨時的，很快就褪色，大門則完全是黑色。至於結構的裝飾如斗拱，那是絕對不准用的，按官階決定斗拱繁簡的規定，自唐朝開始就執行了。

明清以來，民間可以有限度的使用裝飾物，是初期商業社會的現象。有錢人不一定當官也可以使用飾物，因爲他們結交官府，甚至可以拿錢捐官。官商勾結的情形嚴重，雖爲正道人士所不爲，但對活絡手工業是很有幫助的。富農之家就可適度的裝飾住宅，使我們今天看到相當成熟的江南住家中的裝飾藝術，雖不過是磚瓦之工，小木之作，細緻精巧處也頗有可觀。甚至超過宮廷中的雕樑畫棟。可見民間對美的欲求極高，幾乎是用政治力量都壓制不住的。

歐洲的情形與中國近似。他們雖然沒有嚴格的制度上的限制，由於中世紀時封建領主與農民間的主僕關係非常明確，農民是沒有可能擁有美的裝飾物的。想想看，連美麗新娘的首夜權都爲領主所有，遑論其他！即使封建制度因城市文明的發展而瓦解，擁有創造美物的能力的匠師們組成有影響力的組織，他們的技藝也只能爲教會與有錢有勢的商人服務。到了後來，則爲獨裁的帝王們服務。在今天我們可以看到的歐洲中世紀的教堂與宮殿建築，只要看石工所建的拱頂裝飾之精美，彩色玻璃之華麗，就可以知道他們功力之深厚了。後來歐洲各國王廷中的裝飾藝術，事實上是風格不同的對裝飾美渴求的表現。只是十八世紀以後的裝飾藝術，經過文藝復興的洗禮，大多是以寫實的繪畫與雕刻爲內容而已！

非裝飾的美

在文明發展的過程中，有一種人文精神產生，那就是發現了自然的美感，一種排除了裝飾的純美。古希臘人經過啓蒙，發現人體的本身就是美的典範，不需要再加任何裝飾，甚至不需要華麗的衣物。今人也許覺得那是爲女體的誘惑所導致的美感，其實不然。在紀元前五世紀，約爲孔子的時代，古希臘人所發現的人體美不是女體，而是男體。他們認爲世上一切的美都自最標準的男體上產生。直到一百多年以後的希臘化時代，古希臘人才發現女體之美。即使是女體，也絕無關於性的誘惑，因爲他們表現人體美感的方式，若不是純白的大理石雕刻，就是瓷瓶子上的或繪畫中的線條畫，這是脫離動物性本能之美的眞美。

同時期的中國，孔子等聖人竟不敢談美。因爲同時的中國文化中，沒有發現純美，而蓬勃發展著的是比較原始的裝飾之美與本能之美。聖賢們看出音樂中有純粹的美，因此提倡樂教，可是也感到音樂爲放縱本能之美，也同樣會使人性淪喪，所以他們倡導的音樂是可以致和諧的雅樂，不是市井流行的鄭聲。我們可以想像鄭聲必然充滿了裝飾之音，以愉人耳目進而激起男女之情爲目的。至於視覺方面，聖賢們看到的都是耗費大量人力爲貴族生活踵事增華的裝飾美。

歐洲古典時代的建築與雕塑，就是根據以人爲本體的原則而創造的美術。在精神上完全脫離了裝飾，因此美術與裝飾是兩個不同的層面。這種精神被中古蠻族消滅近一千年，到文藝復興才找回來，成爲新歐洲文明的動力。因此美是歐洲精神文明的基石。每到人文精神淪喪的時候，如反宗教改革的巴洛克時代，十九世紀的工業革命時代，美的理念就會被裝飾所取代。

中國人到了魏晉南北朝時代才由道家思想中蒸餾出自然美的觀念。經過幾個世紀文人們的琢磨，一種平淡爲美的思想到宋元藝術家就成形了。因此中國自古來即有一在野的文人傳統與在朝的官方傳統並存。就是因爲有這個文人傳統，才有超乎裝飾的靈性美的存在，才使中國文化在性靈上還可以與西方並駕齊驅，有人甚至認爲超過西方。宋代瓷器就是這個傳統的見證。

裝飾不一定美

西方有意識的反對裝飾是自十九世紀下半段開始。那是來自英國的反工業化的運動。這與工業化有什麼關係呢?維多利亞時代的英國，中產階級的勢力擴張，市民階級漸成為國家的中堅，這些沒有受過貴族教養，而且也負擔不起貴族式供奉的市民們，原本是與裝飾藝術無緣的，可是經過工業革命後的製造業，可以機器生產廉價的產品，供應市民大眾，而機器的產品則粗糙的模仿手工時期的產品，缺乏手工藝的崇高品味，卻保有裝飾品的繁雜花俏的特色。這樣品味低俗的機器製品使藝術評論家們大為訝異，希望予以遏止。

換言之，當時的機器幫忙以廉價產品滿足大眾對裝飾美的原始欲望，藝術評論家由之而發出的反擊分為兩個方向。其一，是回到中古手工藝社會的保守立場，他們覺得機器產品一無是處，只有手工藝才是代表人類文明的產物，這就是「藝術與工藝運動」。此一運動並沒有遏制機器工業，卻有效的提高了手工藝的地位，正面價值是提高機器產品的水準，發掘機器產品的美感，在十九、二十世紀之交，高品味的裝飾風格，即所謂「新藝術運動」就是這樣產生的，最近在台灣展出的布拉格慕夏藝術是最好的例子。

另一個方向是催生了現代主義的美學。在二十世紀初，首先發難的是勞斯（Adolf Laos）的裝飾罪惡論，過分的誇張了裝飾在文明中負面的意義，以便突顯古典以來的簡潔與純粹的美感。由此機器功能的美感得以突圍而出，成爲二十世紀上半段的主流美學。直至今天，美能脫離裝飾而成爲更高的目標，爲知識分子所普遍接受，實拜包浩斯等現代運動所賜。

今天我們知道裝飾並不是罪惡，它是人類發自本能的愛好，也是多種象徵的產物。它不必然是美，但也不一定不美。美的裝飾可以增加優雅的氣氛，而不美的裝飾只能使人感到低俗。二十世紀八〇年代以後，新的裝飾時代又來臨了。但這種裝飾只是徹底讓美感與手工藝的精神脫離，與現代理性精神分道揚鑣，尋找純性靈的裝飾美。這種雅痞的裝飾精神與人類本能的要求大不相同，但兩者有時不免相會。這其實是後現代設計家潛在的願望吧！

素樸之美

我們少年時在河邊撿石頭，會發現有些卵石上呈現很悅目的花紋。這是未經人工雕鑿的美。大自然的力量是創造者，祂創造了形形色色，我們在祂的創造物中選擇合乎我們美感需要的，這是愛好自然的文化欣賞素樸美的第一步……

要成爲眞正享受美感的人，第一步要知道裝飾不一定美，第二步就是要學習欣賞樸質之美。樸質美是美的高級班。

人類自愛美的天性中發展出的美感文化，首先是裝飾之美，其次是古典之美。這些與樸質之美都有一段距離。裝飾之美是愛美天性中的直接反應，人類喜歡裝飾不學而能，其道理在上文中已經說過了，裝飾在早期文明中很容易與社會階級的象徵連在一起，因此使美為在上位者獨占。又因裝飾是昂貴的，需要很多人力與物力，後期古文明中，只有少數有權勢及有財富的人才能擁有，因此裝飾美的精神價值不高。

古典文明的美感是經過馴化的，可是仍然根源於人類的天性。所以文化學者會把古典傳統視為人文傳統，把古希臘視為人文傳統的源頭。

精緻是古典美的要旨

古希臘的文化，馴化了人類對美的渴望，可分為兩個層面去看。上層是美的秩序，也就是以和諧為貴。這是形式美感的普遍原則，因此使古典美擁有高尚的文化內涵，且與眞、善的價值結為一體。也正因為如此，美感能力成為精神素養的重要指標，而且必須經過比較長期的修養才能達到較高的境界。這樣的條件使得美的素養成為悠閒階級所獨享的權利，美因此貴族化了。

古典美的下層是精緻與完美。追求完美使古典美具有理想主義的色彩。因為世上完美的東西極少，完美的理想鼓舞了藝術的創造，以藝術來彌補眞實世界的缺憾。這就是我們今天所見到的古典藝術品，特別是雕刻，大多都美不可言的原因。然而理想的表現超乎現實，卻同樣是來自人類愛美的天性。它是人類的夢想。

完美並不容易達到，而且不是純粹用形式來完成的。對一般人來說，精緻近乎完美。自大處看完美，自小處看精緻。比如欣賞一座古典的雕刻，是否達到完美的境界要遠距離看，而且要有對生命的深切體會才看得透徹，表情與姿態都是人生。所以理想的完美作品，不是人人有能力欣賞的。一般人自小處著眼比較容易滿足。古典雕刻的材質都很講究，使用的是白色的大理石，而且是純白色，找不到一絲灰影。雕工的表面處理非常精細，打磨光滑，可以看到大理石的晶體。所以雕刻人體，幾乎有肌膚之實感。當然，古典雕刻的人物大多是俊男美女。雕工之細緻處可以表現出皮膚下的血管與生動的細節。只看材質與打磨的功夫已經令人感動了，精緻就是美，不用看造型。

在中國文化中也發展出這樣的美感。我們沒有偉大的宗教，所以遠古時期沒有神像的雕刻，沒有發展出雕刻的藝術。這一現象反而使中國文化早日產生了人文思想的傳統。怎麼看出中國的古典美感呢？可以自生活器物中找到。最接近雕刻的是玉器。

玉是半透明與非常堅硬的石頭，難得，量少，雕工不易，自新石器時代就是高貴的飾物。在今天看來，古代玉器之所以被視為美，就是琢磨之工所產生的精緻感。玉經琢磨後，光滑溫潤，色澤宜人，器物大多甚小，但東周到兩漢的琢工非常精緻，在細微處都有很清楚的交代，因此成為中國人心目中最美的器物。到了後世，和闐玉中的白玉，其佳者稱羊脂玉，為國人所寶藏，主要是因為玉之材質近乎完美。再加以精雕，就是清代乾隆朝的玉器最高標準。

精緻與素樸之間

自人文主義傳統中看美感，毫無疑問的，素樸是原始的狀態，精緻是文明的狀態。中國人把未經雕琢的玉稱為璞。「玉不琢，不成器」，說明了這種以精緻為貴的價值觀。自原始進入文明的意義不過如此。

這種發展是很自然的，爲了滿足愛美的天性，人類才絞盡腦汁，改變原始的狀態。自素樸發展爲精緻，有很多例子可以說明，其中最爲明顯的是中國人的陶瓷。燒土器爲陶，是人類的一大發明。陶是有用的器物，一旦發明了硬陶，對於生活之需要已經可以滿足。所以很多古文明中，有了陶器就不再進步，或改用不太合用的金屬器物取代。在中國，有了陶器，卻進行了近五千年的演進，成爲世界文明史上的奇觀。這一漫長的發展，尤其是在最後的一千年，主要是經陶器進步爲瓷器，外國人認爲中國是從宋朝開始創造了瓷器，中國大陸的學者則認爲自南北朝時代就進入瓷器時代，這是對瓷器的定義有所不同的緣故。自陶入瓷，主要原因是追求器物的精緻美。製陶的材料不斷的精煉，燒製的溫度不斷的提高，上釉的材料與技術不斷的改進，目的是達到表面的光亮，紋飾的精細與巧妙。到了後來，發明多色裝飾的技術，簡直可以華麗來形容了。

在我們了解中國陶瓷發展史的時候，腦中不免浮現一個問題，那就是：陶進步爲瓷，是否表示瓷比陶較美觀呢？如果我們接受西洋人的看法，宋之前爲陶，之後爲瓷，是否表示宋之前的陶爲落後的產品，宋之後才是進步的產品，因此也可斷言明清瓷器勝過宋元呢？

這確實是一個大問題。目前的收藏家與學者都認爲中國瓷器以宋之汝窯與官窯器最爲珍貴。可是在精緻與細巧上，宋代的汝官瓷器與後世景德鎮生產的瓷器是不能比的，只能說是早期瓷器，因爲它色青灰，既不光亮，也不透明。爲什麼有那麼高的價值？難道只是物以稀爲貴嗎？鑑賞家會有不同的答案。他們認爲宋瓷沉靜素雅，用釉很厚，使它在燒製時呈現自然的釉色之美。這種「凝重、深沉的質感，使人感覺有觀賞不盡的蘊蓄」。陶瓷史家是如此說的。

素樸與自然

宋代凝重的青瓷以及黑釉器不能說是原始的狀態，而是可以認爲有意的發揚了自然的美感。

素樸是原始的，原始是自然的。在混沌的狀態，是既自然又原始的。人創造文明，

宋代之碗：沈靜素雅之精緻美。
（上方為宋茶碗，下方為宋定窯杯）

一種方式是改造自然走向以人爲中心的世界，那就是我們前文中所討論的古典文明的傳統；另一種方式是自原始狀態中尋找大自然創造的美感。在愛好自然的中國文人傳統中，可以找到很多這樣的例子，其中之一是石藝。

我們少年時在河邊撿石頭，會發現有些卵石上呈現很悅目的花紋。這是未經人工雕鑿的美。大自然的力量是創造者，祂創造了形形色色，我們在祂的創造物中選擇合乎我們美感需要的，這是愛好自然的文化欣賞素樸美的第一步。我們常看到奇石店，也看過奇石展，出售或展出從大自然中選出的石頭，像藝術品一樣的放在考究的支架上高價出售，這樣的展覽在歐美看不到，它是中國文化圈所獨有的。

可是奇石之類，仍以奇巧爲尚，雖然來自大自然，其選擇卻是滿足人類好奇之心，並不是眞正喜歡素樸的自然。大自然的造物中一些最普通、最常見的東西，應該也存在著美感，只是與人類愛美的天性相違，需要特別的素養才能欣賞而已。其實每一塊石頭如加以珍視，都有深沉的美感，你如果順手撿起一塊花崗石的碎片，仔細看它的紋理，就發現其含蓄而豐富的色彩，如果加以放大，不輸一幅抽象畫。而每一種石頭都有其獨特的紋理所表現的美。因此，並不是只有潔白光滑如凝脂的大理石才是美的，愛好自然美的人更喜歡一般的石頭。

眞正喜歡石頭的人，是在原始的自然狀態中，選擇抽象又自然，與人工完全脫離的美感。若干年前，一位以撿石爲樂的朋友，送了一塊小石頭給我，是自然力創造的普通石頭，卻具有抽象的造型美。我把它放在檯上，準備做一個木架，卻被爲我打掃的工人扔了。她以爲那是垃圾，可知素樸之美是平凡的、自然的，引不起大家注意，要有自平凡中見豐美的素養才能體會。

把這種從自然狀態中發覺的美，通過人工實現出來，就是素樸美的創造。上文說過，宋瓷中的釉質之美就屬於這一類。宋代的黑釉器，爲了創造自然的紋理，如天目碗中的「兔毫」與「油滴」，是要特別技術的。其實濃厚的黑釉，閃著沉靜的光澤，就是眞正的素樸之美。在這方面，中國文化，因屬人本文化，雖愛好自然，卻有一定的限度。我們雖有素樸美的思想，卻沒有發展出素樸美的文化。因爲道家不是我們的思想主流，我們是孔子的信徒，因此在素樸美方面，就落後歐美與日本了。

素樸文化

日本人自中國學到陶器，接受了唐宋的傳統，卻沒有向精緻的瓷器發展，而走上另一條路，即樸質、自然的陶藝。如果瓷是大理石，陶就是一般的粗石。今天進步的日本陶瓷工業，已經可以製成比起中國古瓷更精美的瓷器，而且行銷各國。可是他們眞正珍貴的卻是手工製成的陶質茶碗，一只名家的茶碗可以買一箱高級骨瓷，這是素樸價值最明確的宣示。

日本沒有人本的傳統，所以很容易接受中國的素樸觀念。自道家轉化爲禪宗後，日本人眞正吸收到骨髓裡去了。所以他們接受唐宋的陶藝後，所看到的不是精緻完美的一面，看到的是純眞。他們認爲最高級的陶器不是用轉盤拉坯，而是用手做成。只有完全用手揑製，而且帶有手製痕跡的器物，才有返眞歸璞的美感。他們很珍惜中國的天目碗，後來雖沒有特別發展黑釉，卻在淡色濃釉上把釉的質感發揮到極致。

素樸的美就是形狀與質地的自然美，尤其是質地美。在歐洲文化傳統裡，也就是中世紀的文明中，從粗陋的農村與武士生活中發展出來的，就是簡單素樸的文化。他們不懂得文雅，在貧窮中只求最基本的生存條件。穿的是粗衣，住的是原木、粗石搭建的房屋。自這樣的生活中追求生命的尊嚴，就會從簡單、樸實、純眞中尋找高貴的價值。他們穿慣了粗衣，並不知道世上有光滑亮麗的綢緞，而且可以有彩繡，卻以爲只要剪裁合身，可以耐穿、保暖的毛織品，就是高雅了。他們住慣了原木粗石的房屋，不知道有雕樑畫棟，或純白的大理石，卻以爲只要屋架與牆面整齊、安全，光線充足，就是美屋了，由之，他們發展出獨特的美感觀念，與日本文化傳統約略相近。在受到中國文明影響之前，歐洲與日本都沒有錦衣玉食，都沒有雕樑畫棟，他們的木器上不上漆，衣服上不繡花，磚牆上不粉刷。

在中國，素樸之美仍然存在，卻不是文化的主流。它存在於隱逸文化之中。讀書人或因仕途不得志，或因貧窮難以維生，或自我放逐於田園、山水之間，過農民的生活。他們逐漸以恬淡爲樂，以簡樸爲美。眞正的農民習慣於簡樸，卻不覺其美，心裡仍祈求著富麗的生活。這些隱逸之士卻是有意的拋棄了繁華，像國畫上的人物一樣，布履、葛衣邁向自然。因此素樸之美一直是中國文化中的理想，卻不是現實。做現代的中國人應特別注意，在自己心中實現這個理想。

民間陶罐：素樸的自然美。

奇與美

在台南有一座大家知名的美術館，稱爲「奇美」博物館，是奇美企業的收藏。可是單就奇美二字來看，它代表什麼意思呢？奇美在中文中有兩個意思。一是驚奇，即英文中的Wonderful，是描述訝異感的形容詞。如果照這個意思，奇美可解釋爲非常美，令人讚嘆不止的美；另一是稀奇，即英文中的rare，是描述在我們經驗中少見的形容詞。如果照這個意思，奇美指的是珍奇藏品的美，奇指的是稀有的收藏。前者的意思比較寬闊，可以包括後者，相信「奇美」博術館的奇應如此解釋。

稀、奇、古、怪

若把奇字當稀奇，問題就比較複雜，因爲奇與美的關係需要深入的討論。稀奇也有兩個意思，其一，是爲我們所熟知，但爲數極少，不易見到，更不易擁有。其二，是出乎我們的經驗之外，爲我們所不曾見過的，是爲奇異。不論是因稀而奇，還是因異而奇，奇與美的關係似乎都沒有必然性。

如果是因稀而奇，奇物就會因貴重而爲眾人所喜愛。古人說，物以稀爲貴，到今天仍是事實，這是市場心理的現象。再好的東西，供應量大，隨處可以買到，就容易失掉眾人的歡心。反之，東西的需求量超過供應量甚多，甚至完全缺貨，就容易得到眾人的寶愛。經過一種很複雜的心理的轉變，眾人求之不得的東西常被視爲特別美觀。這是很有趣的現象。

對古物的評價最容易說明此一現象。

很多年前，古物界對於仰韶文化的彩陶，或龍山文化的黑陶都視爲珍寶。那時候，

仰韶的彩陶罐：曾經以稀為貴的美。

只有上世紀初外國考古學家有幸採集到仰韶的彩陶罐子，因此只有外國博物館出版的圖錄上才看得到。三十年前，一只陶罐可以換一幢房子可能還有剩。所以大陸農民的發掘物，初次經由商人之手出現到市場上，莫不被視為奇物。據說當年有一位富有的收藏家，自日本買回一只陶罐，是特別為它買了機票抱回來的。可是誰也沒有料到大陸竟放任農民去挖，而地下眞有為數相當多的積藏，幾乎掘之不盡。原來稀有的古物，竟成堆到了香港，價值當然一落千丈，再過些時日，就完全無人問津了。

令人感到迷惑的是：當年看到陶罐時那種令人窒息的美感，居然也隨著大量出土而被視為平凡之物，不再吸引人們的眼光了。難道量的多少眞的影響其美質嗎？這種現象當然不只限於彩陶，一切大量出土的中國古物都遭遇到同樣的命運。

如果是因異而奇，其物未必貴重，卻容易引發好奇之心而為眾人所喜愛。怪異之物所擁有的群眾吸引力，就是科學得以發展的動力。人類對生活經驗之外的世界總抱著極大的興趣，愈是有聰明才智的人，愈有這樣的性格傾向。所以近世人類文明的進步，與探險家精神息息相關。由於心神極為投入，怪異之物同樣會被視為美觀。

而容易說明此一現象的例子，是自然科學博物館中的恐龍。這種動物在數億年前已經消失，經古生物學家發掘其骨骼，並予以復原後，一直成爲自然博物館中之主角，近年來更進一步，以動畫恢復其生活形態，「侏羅紀公園」這部電影中出現的恐龍，風靡全球的兒童，說明人類甚至想回到幾億年前去探險。

怪異之物與稀有之物原與美感無關。可是人類特有的占有慾與好奇心，與固有的愛美的本能，常常糾結在一起，不易分辨。越不易得到的東西，越被珍惜，追求不到的女子越覺得美，是人類的本性。對於眞正懂得美的人，其實是不難分辨的。我們只能說，占有欲與好奇心加強了美感的力量。

有時候，我們的美感生活需要透過這些本能發展出來。我看到一些收藏家，原本對美並沒有特別的興趣，但因喜歡收藏古物，就對文物的形狀、色彩與質地認眞注意起來。不久之後，他們就成爲程度不等的鑑賞家，而且是具有審美能力的人了。貴族社會中的審美能力的培養，常常是通過收藏的遊戲，如辨別眞僞，鑑定年代等完成的。因此古文物的市場價值，常常是稀有性、珍奇性與美感價值相乘的結果。西方有歷史的拍賣公司，如蘇富比的估價，美感是很重要的因素。你可以說，對於古文物，凡是貴重的東西，都是很美的。

這是西方社會貴族文化的精髓。在東方的新興國家就不盡然了。尤其是中國大陸，近年來由於經濟神速成長，造就了很多一夜致富的資本家，他們進入古物市場時的價值判斷，幾乎完全以稀有性、珍奇性爲準則，所以一幅西太后的字畫，雖毫無美感價值，照樣可以拍出天價。這是因爲缺乏西方社會審美培育之過程，純爲暴發戶衝動的緣故。

新奇的美感

上文所談的稀奇古怪之美，是博物館關心的美，也是博物館的生命線。在日常生活中所占的份量不大。類似的心理反應，在一般人的平時生活裡，就是新奇之美。這是現代人精神生活中很重要的一部分。

人類是很複雜的動物，一方面受習慣的制約，一方面又很容易厭倦。因此永遠無法滿足，是天生的苦命。大部分的人生活在習慣之中，靠直接的反應過日子，即使是審美的行爲也是如此。這就是文化傳統賴以維繫的原因。過去的社會中，美感是與傳統很難分開的。美的東西都是看慣了的東西。同樣的花樣，同樣的製作，一代又一代，毫不改變的重複下去，是因爲美觀的價值已經與其他文化價值結爲一體了。

上代的人對於戲劇的愛好最容易看出習慣與美的關係。他們喜歡看熟悉的戲碼，最好是自己可以上口的，能跟著哼。我有一個親戚長輩，好聽戲也好唱戲，每看到他瞇起眼，哼著熟悉的戲詞，那副出神的樣子，就感到藝術精神力量的偉大。

可是人也很容易厭倦，對於生活習慣中的東西，常常感覺麻木，失去必要的興奮，過去的社會對於不滿現況的人視爲不安份，不守規矩，但是這種不安的情緒才是社會改革、文明進步的動力。

現代文明進步快速，正是這種求新求變的內在需求所形成的。新，成爲現代社會的價值標準。由於科技的進步促使社會上充滿了新的事物，喜新厭舊幾乎是現代人格的一部分，新奇之美就變成主流價值了。這一代的年輕人，失去了傳統價值以後，也失去了生命的目標。因此追求感官刺激以證明生命的存在。他們的精神生活中最大的敵人就是厭倦。這是一種精神疲勞症，年輕人放縱情慾，吸食毒品，都是試圖克制這種病症，他們常常身不由己，這是現代科技文明的後遺症。

對年輕一代來說，新奇就是美。他們沒有能力，也沒有興趣去分解新奇與美的關係，只是感到新奇之物可以激發他們愉快的感官反應而已。這種追求新奇的心態，反過來促成了消費經濟，使商品工業生產日新又新，不斷推陳出新，令人眼花撩亂，目不暇給。商展的觀眾動輒以萬計，相形之下，美術館完全被冷落了。

習慣的制約與新奇的追求與美感有什麼關係呢？

兩者都是強化美感的因素。「習慣」好像我們背誦一首古詩，因爲熟記，其美感即內化；當感興到來時，可以脫口而出，美感與我們的生命相融合，而產生心靈的舒暢。這是古人把藝術生活化的主要手段，與前文中提到的長者唱戲以自娛的意義是相同的。

「新奇」會引起我們特別的興趣，仍然是好奇之心所驅動的。這種好奇之心可以強化美感效果是沒有疑問的。舉例來說，大陸的古老住宅建築中有很多精美的雕刻，但他們因爲太過習慣了，不覺其珍貴，常拆除以建新屋，把木刻廉價賣掉。可是這些舊東西對於外地人來說卻是新鮮的。他們會用新的眼光來欣賞甚至發掘這些舊東西的美，而爲之讚嘆。由於他們對產生的過程不了解，愈懷著探索的心情，美感反而被誇大了。可見所謂新奇，不一定是科技時代製作之新，凡是經驗之外的都有新的作用，人是希望不斷擴展經驗領域的動物。

探索的時代

因此後現代的社會已進入探索的時代，尋求前所未有之經驗，特別是美感，成爲很多人的生活目標。進入富裕社會的人們，旅行、觀光成爲主要的休閒方式，因爲觀光就是沒有冒險的探索。觀光者進入一個完全陌生的環境，所見所聞無不新鮮有趣，有所發現，即產生極大的滿足。古人說，行萬里路，讀萬卷書，是指旅行在知識的方面的收穫。其實眞正的滿足是在新奇的美感經驗。年輕人的旅遊方式異於年長者，在於探索的深度有別，得到的新奇感不同。

年輕人不喜歡，也沒有錢參加計畫型的旅遊。他們喜歡探險式的自助旅遊。探訪名勝古蹟，只是印證書本上的知識，親身體驗畫面上的美景。可是最令人興奮的，是發現知識之外的美感經驗，自助旅遊就是走上未知之域，增加全新經驗的旅遊。

我在年輕的時候，也曾提著簡單的行囊，單身闖蕩過歐洲的小市鎮。為了省錢，買了一張當時流行的歐遊通用車票，見車搭車，有船搭船，有意的把自己放逐在沒有旅程的旅遊中。年輕時探索心強，每天都看到未曾意想到的景觀，有滿足也有失望，但每天都期待第二天的際遇，希望有更精彩的發現。由於留連於新奇的美景，常常忘記先解決住宿問題，幾乎流落街頭。記得有一次，我只好找到警察局，請他們幫我解決，有勞他們開車為我找到一家旅社。我爬到床上，一覺睡到天亮。我也曾在佛羅倫斯搭上長途公車，沿線到處逛，到了一個稱為「吉米吉安諾」的小城，為它立柱式建築組成的市景所感動，幾乎不想離去。到塞也納，為了俯視古城的景觀，一口氣爬上一百多公尺高的高塔，幾乎暈倒。

在未來，我們可以想像，冒險性的探索會成爲尋求美感滿足的主要手段。博物館的展示會不斷的向探索的方向發展，使觀眾不再靜觀以欣賞美的作品，而是以追索的方式發現美的世界。就此而言，全世界就是一座碩大的博物館，人人都是這座博物館的觀眾。新時代的人生逐漸虛幻化，成爲一層層、一波波新鮮體驗的累積，追求新奇的美感成爲大多數人的生命的意義。誠然，對於非常富有的人，他們寧冒險上天下地尋求滿足，深海世界與浩瀚太空已經是他們的探索對象了。

然而探索的目的是找到一個足以令人開懷的桃花源。對於人類，自古以來，就有美麗的夢境在引導我們，不斷的從事追尋，我們所找到的未必是心中所嚮往的美的境界，但我們會不停止的探求。新奇並不等於美，它強化了美感經驗，使美感揚昇爲精神動力，使心靈飛揚，因而肯定了人類存在的價值。

輯五

抽象美的世界

抽象美的世界

相信抽象表現主義理論的人，認爲抽象形式也可以達到感情表現的目的。只是表現感情，卻不一定悦心悦意。感情有些是令人愉悦的，也有些是不令人愉悦的。喜樂、愛慕等感情固然悦心悦意，痛苦、悲傷等感情則令人激動，而無愉悦之感……

抽象的繪畫與雕刻已經出現了快一個世紀了，而且已成爲西方社會菁英的喜愛。可是對於一般大眾，即使是在西方，抽象之美仍然是一個謎。至於我國，由於美感教育失敗，即使是高級知識分子，社會各界的領袖，也未必眞能欣賞抽象藝術，更不用說收藏了。然而抽象之美實在是美感的基礎，自古以來就存在的。

從藝術之母：「建築」認識抽象美

在現代抽象藝術來臨之前，有沒有抽象藝術？有。只是大家沒有想到而已。以法國學院派為中心的歐洲傳統藝術界，把繪畫、雕塑、建築列為美術，也就是精緻藝術（Fine Art）的範疇。在那個時代，美術表現都是具象的，也就是以模仿自然為基礎的。換言之，美術中對美的追求仍然是以自然之美為典範而創作出來的。畫裡畫的無非是人物之美、山川之美，後來有花卉與靜物之美。雕塑自古典時代以來就是模寫人物之美，直到十九世紀仍然如此。我們對於人物與自然景物之美是很容易接受，而且容易被感動的。所以大家欣賞繪畫與雕塑所呈現的具象之美好像沒有什麼問題，可是為什麼把建築也扯進來呢？

這一點，相信很多人不能理解，建築並沒有任何具象的部分可供我們欣賞，為什麼會被法國的學院派視為藝術，甚至美術呢？這不就顯然承認了美術之中有一類是可以不具自然形象的嗎？因此我們可以肯定的說，建築是最古老的抽象美術。

有些論者顯然並不這麼想，如果以感受來定義美，建築的空間與造型可能予人以崇高、偉大、穩固等等的感覺。由於重要的建築都是宗教性或紀念性建築，大多是崇高、偉大的，因此也可以說建築同樣是自然的模擬。如金字塔是山的模擬。哥德式大教堂室內是原始森林的模擬或鐘乳石山洞的模擬。這就是爲什麼不懂得建築的人喜歡用「雄偉」、「壯觀」等類形容辭來描寫建築的原因。

更有些人認爲建築之美與附著它上面的繪畫與雕製的裝飾有關。建築不是藝術，而是藝術之母。它的美就是如何恰當的協調這些藝術品與結構、空間的關係。這就是爲什麼在歐洲的巴洛克時代，建築少不了美術，尤其是雕塑的原因。巴洛克建築的

抽象的美感：戰國時代的古玉器。

建築體不只是安置美術品的架子，簡直是與繪畫與雕塑融為一體。

可是這些想法是不對的，不論是建築予人的感受與建築體上附著的繪畫與雕刻，都不能算是建築本身的美。因為自從古羅馬以來，西洋的理論家就認定建築有三大要素：穩固、功用與愉悅。這三大要素一直被西方傳誦，國人把它說成堅固、適用、美觀。建築的美即這三大要素中的愉悅，也就是悅目，俗稱美觀。悅目，並不一定需美術為裝飾。古希臘的廟宇上確實有雕刻，到了古羅馬雕刻就很少了。到了文藝復興時代，同類的建築上已沒有美術品，同時，建築悅目的理由並不一定雄偉。它的美是超乎感受之外的，那就是抽象美。

建築的抽象美原則與音樂相似

其實還有一種藝術比建築更古老，更抽象，那就是音樂。在中國的古代，並不承認繪畫與雕塑是高尚的藝術，因為它們只是自然的模仿。古中國受重視的藝術是音樂，而且禮樂並稱。即使在音樂中，古人排除鄭聲。所謂鄭聲大概是今天的流行音樂。古人所以排拒，是因爲這是會鼓動物欲的聲音，即今天所說的靡靡之音。音樂是悅耳之聲音，鄭聲當然也悅耳，然而卻夾雜了男女之情。這與建築上附著具象的藝術品的意思是一樣的。排除了樂音之外的夾雜物所呈現的悅耳之音，才是眞正的音樂。

眞有悅耳之音嗎？到處都是，自然界的松濤與鳥鳴都是悅耳之音，一只製作精緻的杯子，用金屬器輕擊之都可發出優美之聲音，是在我們經驗之內的。而悅耳的聲音如無聯想，基本上都是抽象的，因爲聲音本身沒有形象。所以樂音才是最古老的抽象藝術。我國的古琴不過是撥弄幾根絃而發出的和聲，卻是最古老、最高級的抽象藝術。在美術中，凡涉及於抽象美者，就與音樂有關。建築曾被歌德稱爲「凝固的音樂」，就是因爲建築的抽象美的原則與音樂是非常相類似的。也是基於同一個理由，古典以來的審美原則，最重要的就是和諧，而和諧是音樂的基本要件，一切古典美學上的其他要件都是因達成和諧而發展出來的。因爲聲音要悅耳，是非和諧不可的。

自周代開始重視重視抽象的美感

雖然古典的審美要件來自西方，而且經過系統的傳承，並不表示中國古代的美學淺薄。完全相反，正因爲中國古人不善於具象的描述，又不鼓勵人體美的再現，自周代開始就重視抽象的美感。春秋、戰國時代的視覺藝術幾乎完全集中於工藝造形設計，如以裝飾爲主要功能的玉器及銅鼎表面的裝飾等。自西方的藝術觀看中國，似乎這些只是裝飾工藝，並沒有甚高的藝術價值。可是一個文化竟有十個世紀之久發展非具象的美感，說明了這個文化的精神所在。直到魏晉南北朝，中國後世文化開始萌芽，才看出抽象主義對中國藝術影響之深遠。

中國的書法藝術

到漢代，中國的書寫藝術已經完全成熟，文字的書寫成爲生活中重要的美感來源，但書寫者尚沒有被認定爲藝術家。到了魏晉，書法就正式藝術化了，書法是在中國最早的藝術形式，而且近兩千年來，一直是地位超過繪畫的藝術，即使在繪畫最爲盛行的唐宋，大家的心目中仍然視較接近書法的潑墨爲最高明。元代之後，追求形似的多彩的繪畫，終於讓位與書寫直接相關的文人畫。而在中國，雕塑始終沒有被視爲藝術，即使是唐宋時的佛刻與佛塑，雖有甚高的藝術價值，也沒有被接納而無法進入藝術殿堂。這與佛刻到明清之後的衰微有直接的關係。

對於無法接受現代繪畫，尤其是抽象畫的朋友，我通常以書法就是抽象書來勸他們在心理上不要排拒。奇怪的是，有些朋友可以接受書法，卻無法接受抽象畫。我有一對頗負盛名的夫婦朋友，先生是名水墨畫家，就是不相信抽象畫的價值，而且還寫文章反對。然而卻鼓勵太太——一位名書法家——進入狂草的領域，以書法爲畫。他們竟毫不覺悟她的書法就是抽象畫。

中國文字的形式，篆、隸、眞、草，在漢朝就完備了。可是漢朝之前文字只是有用的工具，目的是傳達或保存某些信息，美感是自然產生的。後世成爲藝術形式之後，一般人固然仍是爲記錄而寫字，書法家就爲寫字而寫字了。今天看王羲之等大書法家的「帖」，好像都是一些書信，爲後人留下來的。我不太相信，在我看來，有些帖如〈奉橘帖〉及〈快雪時晴帖〉，以行書爲主，說是書信尚可信。有些全篇都是草書，即使專家辨識都很勉強，寫這樣的信是很不合理的。我推斷在當時是有意寫成，供人欣賞、收藏。這一傳統自唐宋，一直到晚清之間，都有很多大書法家留下手卷，有些似書信，有些就寫些詩、詞，全然供人收藏了。到了清代，尤其是中葉以後，大型懸掛式的書法開始流行，書法就正式代替繪畫成爲中國人的第一藝術，士大夫之家的中堂可以沒有畫，沒有書法就匪夷所思了。對聯遂成爲最流行的藝術形式。

中國人最重書法，原是重視書法所傳達的文意，因爲同是文人筆下的產物。就這樣很自然的發現了書法之美，其價值就與文意脫離了，如能配合文意之美固然很好，卻不是必要的條件，懂得用筆的人，不受字形的限制，甚至可以成爲感情表達的工具。

說到這裡，我已經把抽象美的存在簡略的交代了。書法是東方人的藝術，日本與韓國在傳統的書法技術上不及我國，但在書法的抽象美方面，體會得比我們還深，他們早就有現代書法，並與現代畫融爲一體了。

如果以凝固的音樂來狀寫藝術，書法比建築要貼切得多。建築由於有結構的問題，有時候必須莊重、簡潔，尤其是古典傳統的建築，多是簡單幾何形的組合。這種建築之美，是塊體的和諧，有近似打擊樂的感受。中國古樂器以打擊爲主如鐘磬等，幾乎可聽到磚石的聲音。如果用現代樂器來比擬，其音近似鋼琴。但是古隸書，尤其是漢代刻石的隸書，與打擊樂更有同感。這就是清末民初，書法家自刻石文字中所體會到的「金石」精神。

當建築結構的技巧掌握到純熟的階段，結構厚重的感覺消失，如歐洲的中世紀天主堂，建築之美就成爲線條所組成的光影的戲劇。這就是音樂中的琴瑟之美。用現代樂器來比擬，就是提琴。可是哥德式教堂的線條是上昇式的，光線是自上而下的，其廳堂中的感覺是古琴低沉的顫音。這正是書法中古草書的感覺。

音樂與建築相結合

歐洲的音樂最盛行的時代是十八、九世紀，在德國南部，很可能是受了巴洛克建築的影響，維也納更是巴洛克的音樂與建築共生的園地。這時候產生了交響樂式的豐富而華麗的感官效果，建築的造形突破了結構的邏輯，強調裝飾的價值，並與繪畫、雕塑相結合，這樣具有籠罩性的感性力量在中國藝術中是找不到的。但是中國書法中確也有少數類似的結合各種字體的感動力所呈現的作品。最早的是王羲之的〈姨母帖〉，結合了眞、行

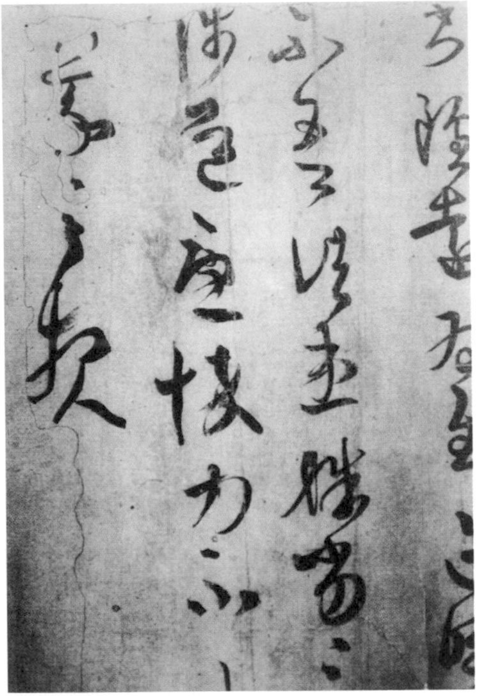
王羲之的〈姨母帖〉。

草。顏眞卿曾發揮了此一精神，寫了十分動人的作品。可惜後世不再有大膽的嘗試。即使是清代的大書法家也沒有突破。因此中國的書法到了狂草的線條流暢的小提琴或古箏獨奏，就幾乎發展到極端了，說起來實在是很可惜的。

抽象自悅目、悅耳開始，其美是根本的。卻不表示不能做到如李澤厚先生所說的，悅心悅意。李先生認爲悅心悅意是涉及到感性情欲。這是因爲大部分的文學與藝術作品都是描述自然，通過實境來呈現感情。抽象的形式能不能啓動感情呢？這是很値得討論的問題。

抽象表現主義是新藝術的轉捩點

相信抽象表現主義理論的人，認爲抽象形式也可以達到感情表現的目的。只是表現感情，卻不一定悅心悅意。感情有些是令人愉悅的，也有些是不令人愉悅的。喜樂、愛慕等感情固然悅心悅意，痛苦、悲傷等感情則令人激動，而無愉悅之感。表現主義是新藝術的轉捩點，自此之後，無論是抽象的還是具象的，藝術就不一定是美的了，丟掉了美的要件，現代藝術乃至後現代藝術逐漸成爲藝術家的論述，不再訴諸視覺之美。

再談抽象之美

有位朋友說，我談抽象，以東方書法爲例，固然觸及抽象之本質，但一般人談到抽象，就想到西方現代抽象藝術，我們應在這方面交代清楚。因爲不管怎麼說，抽象的觀念是自西方傳來的。

誠然。以近代西方藝術來說，最重要的兩個話題，一爲印象派，一爲抽象畫。一般社會人士對現代美術缺乏知識，對一切前衛性的藝術看得一頭霧水時，通常會反應：這是印象派！略有知識的人會說，這是抽象畫，對他們而言，印象與抽象都是看不懂的意思。而且口氣免不了是略帶諷刺的。

這當然是誤解。略有常識的人都知道，印象派的畫其實是很像的，如果近看不像，遠看反而生動。這種畫不是精筆細描，要從畫上找女孩子美麗的臉蛋確實不太容易，找鳥身上的羽毛更不可能，可是活潑的體態、輕靈的飛翔，印象派的粗筆顯得更爲有力。所以在台灣，印象派筆觸的寫實畫，是富裕的中產階級收藏家最喜歡的東西。這是因爲日據時代，日本學自巴黎的美術輾轉傳到台灣來，已經爲台灣知識分子所接受了。今天我們所尊重的老畫家，畫的都是印象派！

對印象派是誤解，對抽象畫確實看不懂。

在我讀書的上世紀五〇年代，有一種藝術演化論流傳著。當時認爲西洋畫是自印象派、後期印象派「進步」到野獸派與立體派；然後自立體派「進步」到抽象主義。馬蒂斯與畢卡索名聞天下，他們的作品雖然不容易看出個所以然，至少還可以認出一些人與物的形象，到了抽象主義的康丁斯基等人的畫，眞不知道他們搞甚麼名堂。至於美，更是從何談起！

可是信不信由你，我對抽象藝術的認識就是從美感開始的。在我年輕的時候，對西洋近代美術幾乎沒有甚麼接觸的機會。不但中學沒有相關的課程，大學建築系也沒有近代美術史的課。我是靠自修才認識一些西洋繪畫的來龍去脈。而使我在這方面下功夫的動機，正是西洋文化中的美感原則。

抽象美的啓蒙

在上世紀的五〇年代，現代主義當行，可是台灣落後又閉塞，建築系的教授對現代美學所知也很有限，我的啓蒙書是《空間、時間與建築》。在這本書中，把現代建築與藝術視爲時代精神的表現，而特別以立體派繪畫來說明四度空間的美學。因此我了解的一些立體派與未來派，就成爲我對西洋美術的入門。自此以後，爲了尋找現代建築的價值判斷標準，開始廣泛的閱讀一些美術（包括建築）史與美術評論的著作。

在二次大戰後，美國紐約的抽象表現派是繪畫的主流。我讀外國雜誌，相信那是最前衛的藝術。當時美術界的年輕朋友，劉國松與莊喆都受他們的影響，結合抽象表現與中國繪畫，弄出他們的一套風格。他們都寫文章爲抽象美術辯護。在仍被古典學院風籠罩的台灣藝術界，他們自視爲美術的革命家。而改革的標誌就是抽象。

當時的建築界是抽象畫最堅定的支持者。建築原是一種實用的藝術，而且建築的精神在空間。空間是看不見、摸不到的東西，如果談空間的美，就是抽象中之抽象了。二次大戰之後，有位張一調先生，自普林斯頓大學建築系念了博士學位，他的論文就是討論空間不可見的美學，並引用了老子的哲學。論文不長，我做學生的時候爲了精讀，就翻譯了一遍。一時之間道家的「無」成爲成大建築系熱門的討論話題。所以建築界不會不接受抽象的幾何美感，甚至可以接受無形的美感，在思想上是極前衛的。可想而知，歐洲的抽象藝術觀與建築脫不了干係。

抽象藝術的追溯

很少人追溯抽象主義美術的源頭，可是我覺得與廿世紀新的建築改革有相當密切的關係。一次大戰後德國的威瑪創設了舉世聞名的包浩斯。這是一所以現代建築爲中心的學校，但有多位美術教授，都是抽象主義的健將。在今天仍膾炙人口的康丁斯基、保羅克利，都到威瑪去教書，成爲要好的朋友，工作的伙伴，共同推動抽象主義的美學。這兩位大師，一來自俄國，一來自瑞士，其共同背景是音樂。他們幼時都學習音樂，熱愛音樂。因此在推動抽象藝術的時候，音樂是背後的力量。康丁斯基是抽象主義的主要推手。他數次與朋友們成立畫會，研究繪畫的音樂性，因爲音樂是抽象藝術的指標。

康丁斯基的藝術就是結合音樂與抽象美術的最佳典範。而兩者的美學都落實在古典美上，即以和諧爲美的最高原則。在「悅耳悅目」的層面上，兩者都是形式的美。

如何表現抽象美？

在美術上，抽象美如何表現呢？說穿了很簡單，不過形、色二字而已。形就是把美物美事抽象爲幾何的要素，也就是點、線、面、體。色就是把眼之所見簡化爲幾種彩色。而不論是點、線、面，還是原色的組合，都有高度的音樂性，也都是用秩序來表現和諧的美感。康丁斯基與保羅克利的繪畫，都是自年輕時，把物像幾何化，然後用強烈的色彩呈現出來。到了成熟的時期，形象才完全消失，只剩點、線與色彩了。

抽象的世界是很廣闊的，最簡單的線條與顏色也可以成爲表現的工具。蒙德里安的繪畫就是如此。這位先生並不談音樂，但他的抽象歷程與康丁斯基或克利一樣，也是從自然的觀察與簡便中發展出來的。只是他對線條的表現力特別敏感，早年畫樹枝得到靈感；到了他的成熟期，甚至完全放棄線條粗細與彎曲的變化，只剩下垂直與水平的線段。在近白的背景上，只用線段的長短與間距變化就可以譜出節奏和諧的樂章，而且可以激發情緒。

蒙德里安的黑線條繪畫世界爲現代生活的抽象美開拓了新天地。他把美術與生活拉近了；嚴肅的藝術與裝飾藝術之界線模糊了。他的「油畫第一號」幾根橫、直的線條，紅、藍、黃三個色塊是裝飾藝術界參考最多的作品。他這張畫有一張草圖，說明這個簡單的圖案來自嚴格的幾何秩序，與音樂一樣是用秩序得到和諧。因此在形式美上，繪畫、音樂、建築、裝飾藝術就貫通了。

問題是形、色之美，能不能自「悅耳悅目」的層次，進入「悅心悅意」的層次呢？

第一個層次是感官的，立基於人類共同的官能反應之上，抽象美的體會並不困難。第二個層次涉及個人的複雜經驗與心理活動，抽象的形與色仍然可以有效的傳達美感嗎？在抽象主義的藝術家心目中，那是當然的。先回到音樂，幾何是最抽象的東西，也是有感動力的東西。這就說明了人類的心弦本身是抽象的，並不一定要經過一個具體的故事才能受到感動。

康丁斯基是感情豐富的人，他發現忘掉了具象世界，更能直接的表現出心中的情意。他在年輕時成立的「新藝術家協會」，公布的藝術綱領，就是「抽象、感覺、激情」並列，形與色都是有強大表現力的工具。

所謂形，是線的變體。方、圓與三角等幾何形是古典的形，有安詳、均衡之美。可是我們拿起筆來，在紙上隨意畫出一些線條，其實都可以表達心意。每人隨意畫的線條，可以代表他或她的性格。我們都知道中國的書法是線條的藝術，每人的字跡都代表他的個性，而字跡人人不同，好像是上帝所設定的。

我在擔任東海大學建築系主任的時候，有些外系的學生要轉系，在口試時，我通常要他或她畫一點東西，寫幾個字，他們戲稱我是在拆字。其實我要看的是他們的線條。自線條中可以完全看出一個人的情性與氣質，從而判斷他適不適合從事創造性的行業。我的判斷後來證明大多正確，有些學生要求我分析他們的個性。

既然筆跡可以表達情性，用線條當藝術表現的工具就沒有疑問了，一個喜歡在紙上畫斜線的人與喜歡畫垂直水平線的人比較，前者在個性上易走偏鋒，好冒險，愛刺激。因爲很多斜線條予人的感覺就是這樣。看康丁斯基對線條的分析，以及他的作品上所使用的，眞是千變萬化，有直爽的、有猶豫的、有明快的、有顫動的，充滿了激情。多種線條組成的畫面，好像交響樂團中的多種絃樂器的組合。這樣的一幅畫，在心、意上所能表達的，非常直接而有心靈的衝擊力，勝過一幅寫實畫多太多了。

色的天地與形同樣的寬廣。我們都知道，古典的顏色是黑與白。沒有顏色就是最豐富的顏色。有句俗話說：「男要俏，一身皂，女要俏，一身孝。」可見在我國這樣一個喜歡五顏六色的文化中，也知道黑與白有強大的表現力。到今天，藝術家的衣著大多仍是黑、白兩色。

打破拘束的抽象世界

至於藝術家使用在繪畫上的色彩就完全不受拘束了。在寫實主義的時代，畫家使用色彩只是呈現眞實世界的工具。藝術家的本領在於如何用色盤上的油彩模擬自然的顏色。所以調色的經驗是很重要的。可是抽象主義的畫家在這方面就得到解放了，他們把顏色當成直接的表現工具，因此一切色彩都還原爲原色。色彩與人類心理反應的基本關係就等於音樂中的音符一樣，色彩的調和就等於音樂的和聲。因此經過藝術家敏感的心弦，抽象色彩的天地比線條的世界要廣闊得多了。

感情豐富的畫家如康丁斯基，及後來的紐約表現主義的畫家，都使用豐富的色彩語彙來表達他們的心意。當然了，那時候的畫家不承認他們有甚麼心、意，而是受當時心理學的影響，強調潛意識的活動。這種說法使得抽象主義的作品更添些神祕，爲大眾所不易了解，甚至不願意去了解。其實形與色的心理反應是相當科學與客觀的。

抽離了具體的形象，形與色的美感，不論在純粹形式上悅耳悅目的美，或在感情表現上悅心悅意的美，都是很具體而且很實在的。抽象藝術盛行的時代，也是科學精神被誇張的時代，藝術家要追求美感的極致，才順著西方古典美學的原則，找到了形、色的純粹美。他們信奉純粹美，是因爲具象的世界會影響我們墮落入流俗。一個美麗的女孩子，其美感可能與我們的情慾有關，而失其純粹，一幅水果的靜物畫，其美感可能與我們的食慾有關，而失其純粹，我們何不把這些俗世的慾望徹底丟棄，追求眞正精神面的美感呢？誠然，不論我們喜不喜歡，抽象的美感才是美感的基礎，好像數學是科學的根本一樣。

康丁斯基，強烈與溫和的粉紅，1924年。

意境之美

我們一生在自然或人文環境中累積了很多感應的經驗。我們胸中的鬱悶，會因環境的激發而得到舒散，面對夕陽西下的景象，我們會感到悲愴。面對花木扶疏的園景，我們會精神振奮。面對長江大河會有壯闊的胸襟，面對歷史古蹟則發思古之幽情，這表示對於敏感的人，尤其是詩人，環境有紓解人類心思的作用……

不久前，一位年輕、博學的美學家送我一本近著，討論了意境美學。他把海德格的詮釋學與中國道家以來的思想連在一起，探討中國人的意境觀念，很有深度。因此勾起我也來談談意境的想法。我談美，是自形式與感官反應開始，因爲它涉及基本素養。對於牽連到複雜心理反應的文學境界，原本是有意避免的。但是這樣一個如此重要的美學觀念，怎可棄而不論呢？

什麼是意境？

首先讓我們自常識的層面，看看意境這兩個字。

我孤陋寡聞，想在英文中找一個相當於意境的字，卻找不出來，可見這是一個純中國的藝術觀點。中國人上自博學鴻儒，下至凡夫走卒，都可以隨口說出意境二字，意境的高下被視為明確的價值判斷。對藝術家最嚴苛的批評，就是說他的作品意境不高。然而用得多了，就視為當然，對其眞正的意義未加深思。

從字面上看是不難了解的。幾乎所有的美學家都同意「意境」是主觀的「意」與客觀的「境」揉合而成。王國維認為「觀我為意，觀物為境」；宗白華認為意是「主觀的生命情調」，境是「客觀的自然景象」，都是這個意思。他們都認為兩者是不可偏廢的。

這樣的解釋等於用意境爲藝術下了一個定義，成爲中國人特有的藝術觀。

到此沒有問題。可是把意解釋爲我，爲生命情調，都是主觀，究竟是何內容，卻大有差異。生命情調是指意趣與意興，包不包含意旨與意念呢？把境解釋爲物，爲自然景象，都是客觀，然而萬象無物不可爲境嗎？

意與境之間又如何渾爲一體呢？宗白華說，是映射，是交融、互滲。這都是含糊其詞的說法。老一輩的學者總喜歡用文字遊戲，似乎解決問題，實際上是不著邊際的。請問要如何映射，如何交融，如何互滲？細想之下都是無法理解的。

我認爲意字可以簡單的解釋爲情意。意這個字在中國古代必然包括了意志的涵義，因爲文以載道本是中國士大夫的職責，不是有「詩以言志」的話嗎？可是這樣去解釋就逸出藝術的範圍了。所以解釋爲情意，可以使之純化。即使有些「志」的成分，也可以以情思的面目出現。

情意來自我們胸中累積的鬱悶。我們一生的旅程中充滿了悲歡離合的情思，無由發抒，就悶在心裡，精神因而受到羈絆，生命力量因而頹唐不振。藝術是爲精神尋找出路的重要途徑。

境字不能解釋爲物象。我認爲先賢們沒有對「境」的涵義特別注意，是造成觀念模糊的主要原因，如果「境」是外物、是景象，爲什麼不乾脆稱爲意象呢？意象這個名詞可以在英文中找到近似的字眼，爲Image，古人稱意境而不稱意象，顯然是有深意的。

有人把境字解釋爲境界。宗白華先生就有這樣的說法。其實這是一種誤用。境界在字面上表示一個疆域，一個範圍，是沒有內容的。爲什麼境界有高低之分呢？因爲中國人把一個平面上的空間觀念，轉變爲立體的空間了。其來源可能與古代的神話有關。古代中國有仙境、天界之說，就是把實存的環境虛幻化，假想人類所處的環境除了地面上的人間之外，還有仙山上的境界，更進一步，還有天上的國度。高度不同的仙山有不同的境界，仙與靈通，因此境界的高低代表了靈的造詣。由於古神話的概念深植於中國文化之中，古代詩文與繪畫無不受其影響。因此非常自然的用境界高下的觀念來判斷藝術的成就。

可是境界並不是意境。「境」，在學環境設計的人看來，是一個非常豐富的字眼，它不只是物象，是物與物在空間中的關係。如同舞台上的布景，是三度空間的組合，境是一種空間塑造的藝術。

意與境之間

那麼意與境間之關係如何渾爲一體的呢？在我看來，是透過情境經驗的建立。

我們常常說「因境生情」。這是說，人類會因景物而產生感情的共鳴。我們一生在自然或人文環境中累積了很多感應的經驗。我們胸中的鬱悶，會因環境的激發而得到舒散，而對夕陽西下的景象，我們會感到悲愴，面對花木扶疏的園景，我們會精神振奮。面對長江大河會有壯闊的胸襟，面對歷史古蹟則發思古之幽情，這表示對於敏感的人，尤其是詩人，環境有紓解人類心思的作用。反過來說，情境的體驗可以豐富人生。這就是爲什麼古人認爲行萬里路勝讀十年書，爲什麼現代人這樣重視旅遊，特別是對異域自然與文化景觀的參訪。

情境與意境的關係又是如何呢？

因境生情，沈澱到經驗中的都是情境。某種境會產生某種情，有一定程度的客觀性，否則就不能成爲人類共通的語言了。這與某種樂音可以產生某種感情一樣。樂音是音樂藝術之本，情境是造境藝術之本。意境就是利用情境爲手段以發抒心意與情思所創造出來的境界。

中國詩以意境的塑造爲目的。最動人的作品大多是寫景的句子，這景就是情境。但是情境的本身雖有客觀性，人人都可經由此景而有所感，卻不一定與作者的感懷完全相同，作者爲了使讀者產生共鳴，最後要有一句話把心意點出來。以最普通的一首唐詩爲例：

床前明月光，疑是地上霜。

這是情境。這也是人人經驗中的月夜景象。面對此景，我們都會有感觸，因此古人見到月亮就想喝酒，可是各人的感觸都因自己的際遇而有所不同。所以作者一定要說：

舉頭望明月，低頭思故鄉。

原來作者想家了。有人也許會因升不了官而感嘆人生無常，有人也許想念情人而傷感人地兩隔。我的母親到九十歲去世前還會常背這首詩，因爲她眞的很想念兒時的故鄉。今天的年輕人要對這首詩產生共鳴就不容易了。

所以意與境都有時代性。王維有一首詩，其中兩句話是「松風吹解帶，山月照彈琴」，境界高遠。但因涉及人文背景，如松風、衣帶、古琴，都不是今天年輕人所熟悉的象徵，很難在他們心目中喚醒情境經驗。至於王維用「君問窮通理，漁歌入浦深」來點出不想過問政治的心意，更加不是今人所能理解的了。

詩、畫、園林

意境觀念來自詩，可是現代的論者則視之爲藝術所共有的特質。當然，既然是「境」，凡造境的藝術都有意境的觀念，似乎是理所當然的。

與造境相關的藝術，除了詩文寫景之外，在視覺藝術中就是繪畫。王維的詩中有畫，畫中有詩，可知對於長於造境的人，詩畫是相通的。有人認爲詩書畫一體，也可以解釋，但不能從意境的觀念入手，從意象是可以的。但是建築，特別是園林，在本質上就是造境的藝術，可以與詩畫相通。在此我試比較這三種藝術的意境觀。

詩用文字寫境，是比較抽象的。文字只能點出重點，但它的優點正是不必呈現全境，留下很多情意的空間。比如元人的「古道、西風、瘦馬，夕陽西下」的名句，反映在讀者的心版上會有很大的差距。感受的深度完全要看讀者的情境經驗，但毋須把造境中古道、西風、瘦馬、夕陽之外的配景都設想周到。因爲有了配景，反而會模糊焦點，使注意力分散，藝術感染力降低。這就是爲什麼以詩入畫總不能使我們滿意的原因。後世的畫家很喜歡畫「採菊東籬下」的意境，可是畫出來的都與我們胸中的造境有距離。令我們失望，這就是抽象性的優勢所在。

不只如此，詩的有力工具是文字，它可以於意會不到之處用文字點破。元代以後的文人畫，常常使用大量文字，甚至在畫上題詩，好像繪畫沒有文字就不能傳達意念。可見意境之創造與文字不能分離的。不但繪畫如此，在明代以後的園林裡，同樣少不了文字。柱上的對聯，石上的刻字，屋上的匾額，處處都是心意的暗示，以加強造境的力量，補實境之不足。

與詩相比，沒有那麼多想像空間。畫家不僅要畫出重點，而且要畫出全境。他要交代「古道」是在山上還是平地上，如何知道是「古」道。要交代瘦馬是有人騎著，還是牽著，又何以知有西風吹來？怎麼表現夕陽西下呢？畫家的技巧有所窮盡，讀者的想像卻是無限的。聰明的畫家不能做詩人的附庸。他要丟開詩人的羈絆，直寫自己的胸中世界，就可經由情境而表達出心意。所以宋代畫家是聰明的。范寬的畫中，渾然的巨峰迎面而來，使人感受到山高水長的雄渾。郭熙的畫，山石與雲霧相糾結，使人感受到大自然的奇幻變化。這樣的作品不需文句就可表現出深刻的情意，雖無想像的空間，亦卓然而成心靈境界。

園林藝術就眞困難了。它是用磚瓦、山石、花木所建造出來的實境，幾乎完全沒有想像空間了。畫中之境雖歷歷入目，但不必複製自然，故可以隨「意」創造，而且可以用咫尺天涯之術來塑造靈境，欺騙我們的眼睛。在園林中，要山爲山，用樹爲樹，想鬼斧神工的闢建新境，表達情意，就千難萬難了。

因此後代的園林要依賴幼稚的想像來達到造境的目的，有時不得不利用縮小的造型來表現。園藝家疊石的功夫就是用假山創造一座眞山的情境。假山要發揮眞山的作用，必須通過想像，以小爲大。有時爲快速達到虛幻化的目的，做些小橋、小人點綴其間。所以中國的園林基本上是比例尺較大的盆栽，盆栽是比例尺較小的園林。

意境之美

國人很喜歡談意境，卻極少人談意境之美感。大家似乎認爲只要創造出意境就是美。然而意境爲何使我們感受到其美質呢？這是很少人思考的問題。

詩、畫之美有兩個層次，首先是形式的層次。詩有格局、音韻之美，畫也有格局、視覺之美。其次才是意境的層次。六朝時的宗炳提到四個字：「澄懷觀道」大體上可以說明意境美感的來源。音韻與視覺之美都是感官性的美感，澄懷觀道則進入情意的境界，屬於心靈與精神的領域。欣賞者需要更深厚的情境素養。

我試解釋「澄懷觀道」這四個字，可以分開來說。詩是發抒心中的鬱悶，所以情境之塑造乃使心情得到舒暢，「澄懷」就是使心中之積塊得以澄清，而生爽快之感，精神因而振奮。「觀道」我解釋爲理念通達。對知識份子而言，在觀念上無法貫通，就有思想上的鬱結。通過情境的塑造，意念因而突顯，理路因而暢通，同樣可得一「爽」字。所以澄懷是對情而言，觀道是對意而言，情意都能得到舒散，生命就得到安頓了。

詩、畫、園林是在不同程度上的虛擬實境。它們需要欣賞者不同程度的運用想像力才能受到感動。即使繪畫描寫出實境，園林建造出實境，其實所造之境仍然是虛擬的。它們是供欣賞者神遊其間，終至「得意忘形」，進入心靈的境界，因爲他們所造之境都不存在於眞實世界之中。

跋

這本書是自《明道文藝》雜誌的專欄集結而成。

這個談美專欄是應陳憲仁社長之請所寫的。他知道我對美感有一肚子的話要說，所以給我這個機會傾吐。雖明知說了不見得有人聽，有此機會我就恣意發揮了。我不是美學家，但崇信美感價值，經常年實務經驗，有一些我自己的看法，未必與先賢或名家同，我都不客氣地寫出來了。我只是由感而思而辯，粗淺之處請學問家原諒。

我要抱歉的是，拙文中常常有些再三重複的文字。這是因爲集子中的文章原本是各自獨立的。每篇只談一個與美有關的題目。有些觀點，特別是我個人思考所得的美感源起的部分，常常是討論問題的起點。爲了文字的思路順暢，讓第一次讀者抓住來龍去脈，不得不簡略地從頭再說一遍。所以聯經的編輯同仁決定僅稍加調整，並分輯呈現。

這樣一個以傾吐為目的的專欄，聯經發行人兼總編林載爵兄居然要結集出版，使我很感興奮。我希望美感的大眾化有一天能被廣泛討論，並加以實施。他把我在聯合副刊發表的〈藝術教育救國論〉放在前面代序，實深知我心，在此敬上萬分謝意。

同時感謝內人孫寧瑜女士的心理支持。

漢寶德

於世界宗教博物館

國家圖書館出版品預行編目資料

漢寶德談美 / 漢寶德著 . 二版 . 新北市 .
聯經 . 2018.10 . 336 面 . 14.8×21 公分 .
ISBN 978-957-08-5201-1(平裝)
[2024年7月二版三刷]

1.美學 2.文集

180.7 107018013

漢寶德談美

2004年4月初版
2016年10月初版第十六刷
2018年10月二版
2024年7月二版三刷
定價：新臺幣380元

著者 漢寶德
責任編輯 邱靖絨
校對 潘建宏
李國維
封面設計 李東記
封面攝影 曾敏雄

出版者 聯經出版事業股份有限公司
地址 新北市汐止區大同路一段369號1樓
叢書主編電話 (02)86925588轉5305
台北聯經書房 台北市新生南路三段94號
電話 (02)23620308
郵政劃撥帳戶第0100559-3號
郵撥電話 (02)23620308
印刷者 文聯彩色製版印刷有限公司
總經銷 聯合發行股份有限公司
發行所 新北市新店區寶橋路235巷6弄6號2F
電話 (02)29178022

副總編輯 陳逸華
總編輯 涂豐恩
總經理 陳芝宇
社長 羅國俊
發行人 林載爵

行政院新聞局出版事業登記證局版臺業字第0130號

本書如有缺頁，破損，倒裝請寄回台北聯經書房更換。 ISBN 978-957-08-5201-1 (平裝)
聯經網址 http://www.linkingbooks.com.tw
電子信箱 e-mail:linking@udngroup.com